LA RÉPUBLIQUE,

DÉDIÉE

A tous les évêques et à tous les prêtres, à toute la représentation nationale, à tous les magistrats, à tous les citoyens, à tous les gardes nationaux et à tous les soldats français,

Par l'abbé J.-G. VERDUN.

« Vous savez que tout légitimiste que je suis, j'ai prédit le monde à la république. J'aurais donc eu le plus grand plaisir à dîner avec cette reine de l'avenir. »

CHATEAUBRIAND, à Mᵉ Lᴇᴅʀᴜ.

A NANCY,

CHEZ HINZELIN, LIBRAIRE, RUE SAINT-DIZIER, Nᵒ 67,
En face du marché.

Juillet 1835.

NANCY, IMPRIMERIE DE DARD,
Rue des Carmes, n° 20.

FAITS PRÉLIMINAIRES.

A Mr. Verdun, Curé de Ferrières.

ÉVÊCHÉ DE NANCY ET DE TOUL.

Nancy, le 20 mai 1835.

Monsieur le curé,

Le conseil épiscopal me charge de vous transmettre une résolution qu'il vous était facile de prévenir et qu'il m'est si douloureux d'exécuter.

Il y a long-temps que vos supérieurs, vos confrères et les fidèles, ont improuvé hautement les spéculations et tous les genres d'affaires temporelles auxquelles vous vous livrez constamment depuis quelques années, et qui sont incompatibles avec la dignité du caractère sacerdotal et la spiritualité des fonctions ecclésiastiques. Vos entreprises imprudentes et disproportionnées à votre fortune, vous ont précipité dans le gouffre des dettes et vous menacent d'être rangé *peut-être* prochainement dans la classe des banqueroutiers. Cependant, pour ne pas hâter une déconfiture dont on redoute toujours les fâcheuses conséquences quand elle concerne un membre du clergé, vos supérieurs, tout en condamnant vos folles spéculations, se sont abstenus de rigueur, et ils vous ont conservé dans l'exercice des fonctions du ministère pastoral. Mais non content de vous livrer à des entreprises extra-ecclésiastiques, vous vous lancez tout à coup dans le domaine de la politique, et au risque de blesser le pouvoir qui nous régit, de compromettre l'administration diocésaine, de braver les représentans de l'autorité civile, et d'irriter cette classe nombreuse de vos concitoyens qui ne sont pas les fauteurs de vos utopies, vous oubliez que vous êtes prêtre et pasteur bienveillant des chrétiens de tous les partis. Vous débutez par une profession de foi politique, et vous vous érigez en apôtre et prédicateur de républicanisme. Puis vous vous plaignez qu'on supprime votre traitement, vous écrivez aux dépositaires de l'autorité des lettres saturées de bravades et jugées d'une haute inconvenance, menaçant M. le préfet de l'exploit d'un huissier, et comptant sans doute que nous serons vos patrons envers et contre tous, sous peine de n'être à vos yeux que de lâches et complaisans serviteurs du pouvoir.

Le conseil épiscopal voulant repousser toute complicité au sujet de vos imprudentes publications, croyant d'ailleurs que vous ne pouvez plus exercer avec fruit les fonctions du saint ministère, que le gouvernement vous refuse toute confiance et tout salaire, et qu'enfin vous ne pourriez être maintenu dans la charge de curé qu'au détriment de l'harmonie des pouvoirs, qui ne peuvent, pour le bien public, rester en désaccord, m'ordonne de vous signifier qu'il vous révoque comme pasteur de Ferrières, et qu'il ne vous laisse que les pouvoirs d'ordre pour tout le diocèse, à partir du jour de la réception des présentes.

Agréez, M. le curé, l'assurance de ma considération bien distinguée.

J. DIEULIN, *vicaire-général*.

Pour copie conforme :

J.-G. VERDUN, *ex-curé de Ferrières.*

Je soussigné, considérant qu'en droit, le bien public requiert l'accord des pouvoirs ; mais qu'en fait, le pouvoir de l'église ne saurait consciencieusement se prêter aux vœux du pouvoir temporel qu'autant qu'il n'élève point de prétentions injustes ;

Considérant que le ministère pastoral est indépendant de la confiance du gouvernement ;

Qu'il suffit à son efficacité que ceux qui l'exercent jouissent de celle du troupeau de Dieu qui leur est confié: ayant d'ailleurs offert de régir ma paroisse à titre gratuit;

Considérant que le conseil épiscopal ne peut alléguer aucune raison solide pour croire que je ne saurais plus exercer avec fruit les fonctions du saint ministère : car, d'une part, il n'a point constaté mon incapacité, et, d'autre part, il ne saurait que rendre témoignage à la dignité de ma conduite ecclésiastique, et qu'avouer la conformité de mes opinions politiques avec le principe catholique-romain,

Déclare protester contre la révocation dont il vient de me frapper à titre de pasteur de Ferrières : je la tiens pour injuste, et dès ce jour j'en appelle à l'autorité suprême du souverain pontife, évêque de Rome, chef visible de l'église et vicaire de J.-C. sur la terre. Je ne crains pas que Sa Sainteté Grégoire XVI fasse mépris de ma cause. Il sait que tout le monde peut appeler à lui et recourir à son jugement dans les causes qui dépendent du for ecclésiastique * ; et le successeur des Clément Ier, des Zozime, des Célestin, des Grégoire-le-Grand, des Honorius, ne manquera point à sa mission.

Considérant qu'en droit, M. le ministre Persil ne saurait aucunement ordonner, de son autorité propre, le retrait de mes mandats échus, sans tomber dans une haute violation de la charte constitutionnelle ;

Considérant qu'il l'a fait, ainsi qu'il conste par sa lettre adressée à l'autorité épiscopale de Nancy, laquelle lettre m'a été communiquée le 13 avril dernier, au secrétariat de l'évêché,

* Concile de Lyon , 1274.

Je déclare que je ne négligerai rien pour en obtenir justice.

Considérant que le républicanisme, tel que je l'ai défini, s'identifie au christianisme catholique-romain; qu'ainsi c'est à tort que l'on veut m'en faire un crime,

Je fais savoir, par les présentes, que je publierai incessamment de nouvelles considérations sur cette importante matière. *La République*, tel sera le titre de ma toute prochaine publication, que je dédie dès ce jour à tous les Français animés d'un patriotisme sincère. Le prix de cinq cents exemplaires sera versé à l'acquit de la condamnation du *Réformateur*, dont je désavoue tous ceux de ses principes qui ne s'identifient pas au principe catholique-romain. De plus, le prix de deux mille exemplaires sera aussi consacré au soulagement des prévenus de délits politiques actuellement traduits devant la cour des pairs.

Considérant que le premier paragraphe de la lettre ci-dessus m'annonce que je suis sous le poids d'une haute improbation de la part de mes supérieurs, de mes confrères et des fidèles, au sujet de ce qu'on appelle mes *folles spéculations*, il y a nécessité de m'en expliquer publiquement et de faire connaître que tout ce que j'ai entrepris depuis quelques années, n'a rien d'incompatible avec la dignité du caractère sacerdotal et la spiritualité des fonctions ecclésiastiques.

Je ne crains pas de comparaître à la barre de l'opinion publique pour y justifier mes actes. Je crains moins encore d'être rangé prochainement dans la classe des banqueroutiers. Pour être privé d'un titre ecclésiastique, et par conséquent de tout droit à un traitement quelconque, je saurai me tirer du gouffre des dettes sans nuire à personne. On peut donc s'attendre que je ne manquerai pas de répondre à cet amer paragraphe; et toute rancune à part, je promets de mordre avec charité , mais de toutes mes dents , ceux qui ont voulu me mordre.

En avant , marchons , l'avenir est à nous !

J.-G. Verdun.

J'ajouterai à ces considérans que la décision du conseil épiscopal dont je me plains me paraît empreinte d'un *caractère d'injustice d'autant plus grave* , qu'elle semble attenter d'une manière plus violente , premièrement, au droit naturel de publier et de faire imprimer ses opinions , liberté garantie à tous les Français par l'article 7 de la charte de 1830 , sauf à eux à se conformer aux lois ; et à tous les chrétiens, par la constitution de l'Église , sauf à eux à garder les règles qu'elle à sagement établies à cet égard.

Secondement, à l'existence du prêtre , puisqu'à l'instant qu'il se trouve dépourvu d'un titre ecclésiastique , il ne saurait plus y pourvoir qu'en cherchant dans le monde, au détriment de sa dignité , et contrairement à la fin de sa consécration , des occupations toutes profanes et avilissantes pour lui , par cela seul qu'elles sont toutes mercenaires.

INTRODUCTION.

En me proclamant *républicain* *, je n'ai trahi ni mon Dieu ni ma patrie ; telle est la thèse que je viens établir ; une fois prouvée, il demeurera constant que l'arrêt qui me condamne est un arrêt injuste.

Le Christ a dit : *Cherchez d'abord à établir le royaume de Dieu,* l'empire de la vérité et de la justice, *et tout le reste vous adviendra comme par surcroît.* Les hommes disent : Assurons-nous d'abord une existence, *faisons notre affaire ;* après cela, nous irons à la recherche de la vérité. *Primùm vivere, deindè philosophari.* Pour mon compte, je préfère la maxime du Christ, parce qu'elle est éminemment *républicaine.* Je chercherai donc à établir avant toute chose l'empire de la vérité et de la justice, qui est proprement celui de la *chose publique, de l'intérêt général* ou *du droit commun.* Or, il me semble que pour commencer et afin d'y arriver plus facilement et plus sûrement, je ne saurais mieux faire que d'offrir à mes lecteurs le *Portrait de nos hommes d'état.* Voici comme le général Donadieu nous les dépeint.

* Voir le *Patriote de la Meurthe* du 23 mai 1835.

LA RÉPUBLIQUE.

PORTRAIT
De nos hommes d'état.

« Ah ! si la France savait quelle espèce d'hommes s'est emparé de ses destinées depuis quarante ans, la dépouille, se joue d'elle et la vend successivement d'un gouvernement à un autre à qui veut l'acheter !

» Il faut la signaler cette espèce d'hommes, puissante par cette facilité que nous avons à nous laisser séduire par de prétendus bons mots, habilement adaptés dans la corruption de nos mœurs pour se jouer de la probité par le ridicule, et colorer le vice par la gentillesse de l'expression.

» Au jour de la révolution de 89, il s'était déjà formé une secte d'hommes qu'on appelait les *roués*, dont les préceptes étaient de s'élever au-dessus des principes de *morale*. On était fort habile à ce titre; tout le reste était frappé d'ignorance et d'incapacité.

» Non-seulement cette secte a survécu à tous nos bouleversemens politiques, mais passant des gentillesses des salons à un ordre d'idées plus sérieux, elle a su, en se pliant à tous les divers caractères, en adoptant toutes les nuances de nos révolutions successives, et se tenant toujours sur le second ou le troisième plan du tableau, selon qu'il y avait plus de chances de dangers ou d'espérance à courir, les *exploiter* pour *son compte*, et en retirer tous les bénéfices; au Palais-Royal, en 90, 91 et 92; dans les salons de Barras, en 1797 et 1798; dans les antichambres de l'empire, en 1804; maîtres du cabinet des Tuileries, en 1814 et 1815, et à cette époque, nous le pourrions ajouter, s'emparant des souverains de l'Europe et de leur diplomatie ; passant d'un règne à l'autre, profitant de l'esprit faible d'un prince, qui, sans régner, était devenu l'instrument de leurs fatales doctrines, en pervertissant par lui toutes les notions du juste et de l'injuste ; pour revenir enfin en 1830, au Palais-Royal, disposer encore de la France, pour la revendre probablement aux chances futures des événemens, chances qu'ils calculent déjà en tournant leurs regards vers Holy-Rood, vers ce qu'ils ont naguères démoli, si, avec cette reconstruction, bâtie sur la tête qui leur offrira le plus d'avantages, ils peuvent faire un nouveau calcul d'intérêt personnel, conserver les grandes richesses qu'ils se sont acquises par ce honteux manége depuis longues années.

» Telle est cette secte, qui, travestie dans les arrière-antichambres en *juste-milieu*, faisant prédominer de la sorte entre la tête qui conçoit et les membres qui exécutent, les honteux viscères digestifs, a fait des adeptes plus nombreux qu'on ne pense dans toutes les classes, et qui, quels que soient les événemens, leur gravité et leur puissance, a su du *premier chef*, assez *connu*, je pense, jusqu'au dernier néophyte, diriger successivement les esprits, s'approprier les positions les plus élevées et disposer presque toujours de la *fortune publique* ; qui, en définitive, si on l'examine bien, est restée entre *leurs mains*.

» Telle est cette association d'hommes dont l'influence sur les destinées de la France a été si grande, qu'en laissant pour elle tous les malheurs des changemens divers par où elle a passé, ils ont pu seuls en profiter, et faire avorter tout le bien qu'elle aurait pu retirer de ces changemens : véritables *harpies* dont les mains ont dû tout dénaturer, tout flétrir.

» Législateurs et rhéteurs à la fois, voilà les hommes de notre bas-empire, pour faire de la probité, de l'honneur et du courage, des objets de dérision, et ériger en science la mauvaise foi et la bassesse ! Hommes *sans croyance* et sans *pudeur*, appelant *niais* tout ce qui croit à la vertu, à l'honnêteté ; ne connaissant d'autre culte, d'autre Dieu que l'*or*, que l'assouvissement de toutes les *voluptés matérielles* de la vie. *Intrigans sans talens, hommes d'état sans génie,* histrions de théâtre d'un *auditoire de dupes !* voilà les hommes à qui la *France appartient,* pour qui *elle travaille* et *paie* les nombreux subsides qui l'accablent *.»

PAROLES

Du cardinal Maury, de l'avocat Pellisson, et de la Convention en face de la cour des pairs.

« Dans un jugement, disait le cardinal Maury à la tribune nationale, à l'occasion de l'organisation de la haute cour nationale, tout doit être en faveur de l'accusé, excepté les témoins et la loi... Des législateurs ne peuvent rien se réserver dans l'ordre judiciaire ; et celui qui, après avoir décrété les lois, ne s'arrête pas religieusement pour laisser agir le magistrat chargé de leur exécution, ne doit plus être appelé qu'un *tyran* dans toutes les langues qui conservent encore la mâle énergie de la liberté. »

« Le talent de régénérer, disait le même cardinal à Mirabeau, ne sera-t-il donc que l'art malheureux de détruire ! Vous l'avez dit vous-mêmes avec amertume, vous êtes environnés de ruines, et vous voulez augmenter les décombres qui couvrent le sol où vous deviez bâtir ! Est-ce en faisant sans cesse des victimes que vous voulez opérer le bien public ? Les maux que nous avions à réparer n'étaient rien en comparaison de ceux sous lesquels nous gémissons... Tout est fermentation dans le royaume.

* De l'homme et de l'état actuel de la société, introd., pag. 103 et suiv., par le général Donadieu.

Quel spectacle offre la France!... un peuple sans liberté! Déjà vous êtes réduit à empêcher les citoyens de
s'assembler. Le plus terrible despotisme est celui qui
porte le masque de la liberté. »

« Rien, dit Pellisson *, ne peut être plus suspect, plus
redoutable à des accusés que des juges non naturels et ordinaires, mais *établis exprès contre eux*, qu'on n'a jamais vus
être pour eux; qui, à regarder les exemples du passé
sur lesquels on en fonde l'usage, ont toujours su con-
damner, et pas une seule fois absoudre... Jamais Henry-
le-Grand ne fit faire le procès par commissaires à qui
que ce fût, quoiqu'il en eût plusieurs occasions, et
quoique cette voie lui eût été souvent proposée.

» C'est l'avis de tous les docteurs, qu'en laissant juger
les juges ordinaires, un roi se décharge de l'événement;
qu'en donnant des juges extraordinaires, quelque bonne
que soit son intention, s'il arrive qu'on juge mal, on peut
douter pour le moins s'il n'est point tenu de répondre
à Dieu de leur injustice. Enfin, cette marche est hautement réprouvée par l'opinion publique. Qu'un innocent
même soit condamné par les tribunaux ordinaires, il passe
toujours pour coupable; qu'un coupable, au contraire,
soit condamné par des commissaires, il laisse toujours au
public et à la postérité quelque soupçon d'innocence. »

« *Pétion :* Je demande la parole..... — De quoi
s'agit-il? — de donner au roi (Louis XVI) *un conseil.*
Je dis que personne ne peut le lui refuser. Les lois l'au-
torisent à prendre non pas *deux amis*, les rois n'en
connaissent pas, mais *deux défenseurs.* Eh bien! que
cette question très-simple, Louis Capet pourra-t-il
prendre *un conseil?* soit mise aux voix. Je ne vois pas
quelles sont les difficultés qu'on pourrait élever.

» La proposition de Pétion est mise aux voix.

» Il est décrété à l'unanimité, à quelques voix près,

* Défense de Fouquet, 1er discours au roi.

que Louis Capet pourra se choisir *un conseil*. Ce n'est pas la seule humanité qui réclame pour Louis un conseil, c'est la justice ; car quelque criminel que soit un homme, on ne peut pas le lui refuser. Ce n'est qu'après une défense qu'une condamnation est juste. Autrement, la peine prononcée serait un *assassinat* *. »

Les hommes qui se tiennent au courant des événemens peuvent comprendre s'il y a quelqu'importance d'actualité à rappeler aujourd'hui des paroles aussi graves.

DOLÉANCES
Des habitans d'Essey-les-Nancy en 1789.

Ces doléances furent rédigées, par M. l'abbé *Thouvenel*, ancien *jésuite* et curé dudit Essey, prêtre bien respectable et bien respecté, mort chanoine titulaire de la cathédrale de Nancy, et enterré à Essey, à la demande de ses anciens paroissiens ; elles furent signées par près de 80 habitans du même lieu, et portées par leurs députés, le 30 mars 1789, à l'assemblée du baillage de Nancy. Je me plais à les rappeler, parce qu'elles me paraissent venir fortement à l'appui de la cause que j'entreprends de défendre. Elles sont dignes de toute l'attention de ceux qui aiment sincèrement la justice, les libertés publiques et le bien-être des classes pauvres. On verra d'ailleurs que nous sommes encore bien en retard dans la voie d'amélioration et de progrès qui s'est ouverte en 1789.

« Le peuple n'est accablé d'impôts, l'état obéré de dettes, que parce que les lois du royaume qui garantissaient la liberté et la propriété des citoyens ont été méprisées par le ministère et ses agens. En conséquence, pour écarter à l'avenir de semblables malheurs, il faut rétablir le règne de ces lois ; élever autour de nos propriétés et libertés, une enceinte désormais insurmontable

* Histoire des causes célèbres de M. de Saint-Edme (1834), pag. 333.

aux efforts du despotisme ministériel. Ce considéré, les habitans dudit Essey demandent.

ART. 1er. — Qu'aucun impôt ne puisse plus être établi, s'il n'a été librement et préalablement consenti par les états-généraux.

ART. 2. — Qu'un nouvel emprunt ne pouvant s'acquitter que par un nouvel impôt, il ne sera fait aucun emprunt que du même consentement libre des états-généraux.

ART. 3. — Que selon le vœu de la raison et de la loi, conformément aux vues de bienfaisance, de justice et de sagesse de notre roi, ces états-généraux ne seront formés que de députés librement convoqués de tous les cantons, élus par eux et chargés de leurs pouvoirs : sans cela, ou ils ne seraient pas les représentans de la nation, ou la nation ne serait pas libre.

ART. 4. — Le retour périodique des états-généraux sera fixé au terme de quatre ans, au plus tard, et tout impôt cessera à cette époque.

ART. 5. — Aucune loi d'impôt, quel qu'il soit, aucune loi générale et permanente pour l'administration, ne sera rendue qu'au sein des états-généraux, et elle portera cette clause : « De l'avis et consentement des trois états.» Elle sera inscrite sur les registres et placée sous la garde des parlemens et cours souveraines du royaume.

ART. 6. — Les traités qui nous unissent à la couronne, et nos priviléges, ainsi que ceux des autres provinces, seront confirmés.

ART. 7. — Selon le vœu du monarque, pour prévenir les déprédations, les ministres demeureront responsables de leur administration par-devant le tribunal établi ou désigné pour ce aux états-généraux.

ART. 8. — Afin que désormais les impôts non consentis ne soient plus arrachés par la crainte des emprisonnemens arbitraires, que les réclamations puissent avoir lieu, que le trône ne soit plus inaccessible à la vérité, la liberté du citoyen n'aura plus à redouter que la sévérité des lois, et les lettres de cachet seront supprimées.

ART. 9. — Les parlemens dont les efforts et la sagesse ont conjuré l'orage et rompu les fers qui nous menaçaient, continueront à être investis du droit de vérifier, provisoirement et librement, les simples lois d'administration et de police exigées par les circonstances, pendant l'intervalle des états-généraux.

ART. 10. — Pour ne pas rendre inutiles le zèle et les veillées des hommes savans qui veulent nous éclairer, la liberté indéfinie de la presse sera accordée, à charge par l'imprimeur d'apposer son nom, pour demeurer, lui ou l'auteur, responsables à la religion, à l'ordre général, à l'honnêteté publique, à l'honneur des concitoyens, par-devant les tribunaux établis par la loi.

ART. 11. — Les états provinciaux nous seront accordés : ils seront formés sur le modèle des états-généraux ; ils seront munis de tous pouvoirs suffisans pour l'administration de la province et garantir nos priviléges contre toutes entreprises.

ART. 12. — Il paraît indispensable à la gloire du trône et à la tranquillité publique que ces articles soient consacrés par les formes authentiques, et, en conséquence, lesdits habitans insistent de tous leurs pouvoirs à ce qu'il ne soit voté pour aucun impôt avant d'avoir statué sur lesdits articles.

ART. 13. — Après avoir statué sur lesdits articles, les députés aux états-généraux, pour mettre en exercice le droit de la nation concernant l'impôt, les supprimeront tous sans en excepter un seul.

ART. 14. — Après cet acte authentique et solennel de propriété nationale, il sera procédé à la connaissance de la situation des finances, de leur déficit, de ses causes, de ses remèdes, des précautions pour l'avenir, des retranchemens à pratiquer dans les dépenses, telles que la diminution du nombre et la réduction d'une multitude d'officiers superflus, dont le peuple entretient inutilement le faste et nourrit l'orgueil qui l'accable.

Art. 15. — Ils examineront les ressources qui peuvent être employées, telles que les revenus des abbayes et prieurés mis en commende qui pourraient tourner au profit de l'état, et à la décharge des citoyens, jusqu'à extinction de dette.

Art. 16. — Ils aviseront aux moyens d'économie, d'amélioration dans le produit des impôts, tels que la suppression des receveurs-généraux, des compagnies des fermes, des domaines, de la régie, etc., etc., de toutes les mains intermédiaires, en un mot, entre lesquelles la masse des impôts se fond et se réduit presqu'à rien, pour remettre aux provinces le soin de s'imposer elles-mêmes, de percevoir et transporter l'impôt à sa destination.

Art. 17. — Après s'être assuré du déficit, avoir supprimé les causes, calculé les ressources, établi les moyens, ils estimeront la dépense nécessaire pour soutenir la majesté du trône et de la nation; ils établiront un impôt unique, ou le moins multiplié possible, et supporté par tous les ordres, en proportion de leur propriété mobilière et immobilière, et de la faculté respective de chaque citoyen.

Art. 18. — Nous ne disons rien concernant le militaire et les moyens de le rendre citoyen : nous avons bien senti cependant combien il était douloureux de soudoyer nos propres enfans, pour nous les rendre aussi redoutables qu'à nos ennemis; nos députés ne perdront pas de vue cet objet.

Art. 19. — Ils s'occuperont à ôter au commerce les entraves qui arrêtent sa marche ou qui absorbent son produit ; d'épargner au peuple, pour l'avenir, l'odieuse humiliation que lui fait essuyer l'insolence des commis de bureaux ; à tarir la source des contraventions, des vexations, des maltôtes qui inondent la France de rapines et la peuplent de brigands ; à ramener le règne de la liberté et de l'honnêteté ; et, pour cela, à faire supprimer les traites foraines, les marques de cuirs, fer, papier, cartons, etc. ; les huissiers-priseurs, ces vampires insatiables qui ont déjà sucé tant de sang et fait couler tant de larmes ; ils procureront au peuple l'ancienne liberté de procéder avec économie à l'estimation et à la vente de ses effets ; porteront les barrières aux extrémités du royaume.

Art. 20. — Ils observeront qu'une multitude d'administrations, quelque sages qu'elles aient paru dans leur institution, ont tellement dégénéré dans leur exercice, qu'elles ont contracté plus que les inconvéniens de l'impôt.

Art. 21. — Que celle des intendans entraîne après elle, 1° une surcharge énorme pour les provinces, à raison des honoraires dont elle est rétribuée ; 2° des délais dispendieux et souvent funestes dans les réparations urgentes ; 3° quelquefois des malversations odieuses et exercées impunément de la part des subalternes ; 4° une morgue, une hauteur envers les officiers municipaux, surtout des campagnes, et qui les jette dans une pusillanimité qui dégénère bientôt en indifférence pour la chose publique ; enfin, qu'il faut supprimer les intendans, ou supposer aux officiers municipaux autant de conscience qu'à leurs commis, et assez de zèle et d'économie pour les objets publics, puisqu'ils en ont assez pour leur administration particulière.

Art. 22. — Que les droits perçus par les grueries équivalent pour le peuple à un impôt énorme ; que leur forme d'administrer, et surtout leur inflexible rigueur à réserver pour les adjudications ce qu'il faudrait accorder en supplément d'affouage, réduit les pauvres habitans à périr de froid, ou à ravager leurs propres forêts; que leur autorité prend tous les caractères d'une propriété exclusive; que leur indulgence pour les délits des adjudicataires opulens, entraîne la ruine des forêts; qu'à leur tribunal, quelqu'injuste, quelque nul que soit le rapport d'un garde qui n'a pas été amadoué, il entraîne presque toujours la charge des dépens; qu'enfin le calembourg trivial sur le compte des grueries n'est que trop vrai : Les grueries sont des grugeries.

ART. 23. — Que le prix du bois est excessif, que sa progression rapide annonce la plus prochaine et la plus grande disette, et demande ainsi la plus prompte réforme dans les usines à feu. La province de Lorraine abonde en salines, et ce riche présent de la nature devient, par l'impôt dont il est chargé, une double source de ruine. Le prix excessif du sel pour les Lorrains, tandis que les étrangers le tirent à si bas prix, produit l'épargne dans cet objet de première nécessité; le pauvre peuple s'en prive en partie lui-même, et en prive totalement les bestiaux : de là une foule d'infirmités pour lui; de là un manque considérable de ressources pour corriger la mauvaise qualité des fourrages, pour conserver, pour rendre vigoureux et propre à la culture, pour engraisser son bétail.

ART. 24. — Par cet article trop long à transcrire, les habitans d'Essey demandent la réforme de la justice.

ART. 25. — Les inventaires sont trop dispendieux, les courtes séances des officiers et les droits qu'ils perçoivent aggravent la perte déjà trop amère du défunt qu'on regrette.

ART. 26. — L'établissement des tutelles est trop négligé, presque partout où la collecte à faire par des officiers n'est pas suffisante; cependant la personne du pupille, son éducation, son établissement, sont des objets plus précieux et plus intéressans pour la société que la fortune.

Art. 27. — Que tout Français jouisse désormais du droit d'être jugé par ses pairs : tout client apporte aux pieds de ses juges, ses opinions, ses prétentions, ses droits ; il cessera d'être libre si la confiance est forcée....

Art. 28. — Que l'invention moderne et trop souvent funeste aux hypothécaires, des conservateurs d'hypothèques soit supprimée et l'ancienne disposition rétablie.

Art. 29. — Que la pragmatique sanction soit rétablie : c'était le vœu des trois états assemblés à Tours ; ça été constamment le vœu de l'église gallicane, du parlement de Paris, de la Sorbonne ; ce sera le vœu de notre religieux monarque, qui sera déchargé, par elle du poids terrible de la nomination aux évêchés ; le vœu du clergé, qui choisira dans son sein le prélat que ses vertus auront marqué pour cet emploi sublime ; le vœu du peuple ; le vœu des vieillards, dont le prélat, façonné aux usages anciens de son église, maintiendra l'uniformité des élémens de la doctrine chrétienne et de la pratique des cérémonies saintes ; le vœu des enfans à qui les translations fréquentes ne feront plus craindre l'inutilité des efforts qu'ils auront faits pour recevoir la confirmation.

Art. 30. — Que trop fidèles imitateurs des agens du ministère, qui ont étendu l'empire du despotisme et aggravé la nation, les agens des seigneurs ont étendu les droits du fief et aggravé les sujets.

Art. 31. — Que la soustraction des titres qui constataient les droits communaux leur a été un moyen facile et efficace pour y réussir ; que ces titres, déposés dans les greffes des justices seigneuriales et sous la garantie d'une seul clef, étaient par là même sous la main et à la disposition desdits agens; qu'aujourd'hui, malgré les règlemens qui en ordonnent la remise aux municipalités, ils s'obstinent à conserver ces précieuses dépouilles, afin sans doute que quelques conjonctures favorables leur facilitent de nouveaux exploits.

Art. 32. — Cet article, trop long à transcrire, réclame contre les vexations et les concussions dont les habitans d'Essey sont victimes de la part des seigneurs et de leurs agens.

Art. 33. — Les habitans demandent que désormais, pour obvier aux procès et aux justes réclamations, les seigneurs soient tenus de produire leurs titres et d'en faire la mesure de leurs perceptions.

Que toutes leurs servitudes, corvées, prestations, reste gothique de la tyrannie féodale, soient abolis. Le monarque en a donné l'exemple, il est digne d'être imité par les seigneurs.

Art. 34. — Que le nombre des colombiers soit réduit et le nombre des pigeons fixé; il peut être utile pour l'agriculture, il est avantageux pour la société qu'il y en ait; mais cette nuée épaisse de volatiles affamés qui couvre les moissons, qui amasse la semence presque sous la main du laboureur, nuit plus qu'elle ne peut apporter d'utilité.

Art. 35. — Que la communauté d'Essey paie, tant en impôts, à l'état, qu'en rentes seigneuriales, 5,410 fr. 12 sous 6 deniers, et que cette somme, en excédant le produit de ses fonds, réduit le tiers de ses habitans à la dernière misère.

Art. 36. — Que les officiers des seigneurs soient obligés de remettre sans plus de délai, aux greffes des municipalités, tous les papiers concernant les communautés.

Art. 37. — Que la nuit d'un oubli profond couvre à jamais les *forfaits de trois ministres prédécesseurs* de l'illustre Necker; s'ils ont une âme, leurs remords nous vengeront : s'ils n'en ont point, ils ne méritent pas l'animadversion des Français.

Art. 38. — Que l'instruction de la jeunesse, le seul garant de nos mœurs, le seul remède efficace à nos maux, et l'unique ressource de la postérité, soit désormais confiée à des mains façonnées de bonne heure à cet emploi, et réglées par un institut dirigé lui-même, dès son principe, vers cet objet essentiel.

Art. 39. — Que les synodes, où nos curés se communiquaient leurs connaissances réciproques sur notre situation et les moyens d'alléger le poids de nos misères, soient rétablis.

Art. 40. — Que pour entretenir *l'esprit citoyen*, il soit rédigé dans le sein des états-généraux, une instruction en forme de *catéchisme*, qui contienne les *élémens du droit français, pour être enseigné à la jeunesse.*

DÉFINITION DE LA RÉPUBLIQUE.

On lit ce qui suit dans le *Patriote de la Meurthe* du 19 mars 1835 :

Monsieur le rédacteur,

Depuis trois à quatre ans, je m'occupe d'un travail que j'intitule : *Essai sur la déclaration de 1682, ou Etudes de l'une des principales causes de nos révolutions.* J'espère le terminer sous peu, pour le livrer ensuite à la publicité. En attendant, je désirerais qu'il vous convînt de m'accorder une petite place dans vos colonnes, pour la publication de quelques articles qui se trouvent faire partie du corps de l'ouvrage. J'ai l'honneur de vous adresser aujourd'hui quelques pensées sur la grande question de la république, qu'il importe souverainement d'éclairer, puisque le fait est qu'à cette heure, elle marche rapidement à la conquête de l'Europe, et qu'elle doit avoir pour dernier résultat la liberté de tous les peuples.

M. O'Connell disait à la chambre des communes, en

sa séance du 24 juin 1834 : « Le temps est venu où il faut presser tous les honnêtes gens de se rallier à la cause de la justice sans s'inquiéter de rien. Il n'y a plus de bornes au despotisme une fois qu'il a franchi celles de la légalité. L'arbitraire peut alors s'étendre à tout, et sous ce rapport, on sait où nous en sommes. » Venons à la république.

La république, *considérée comme principe social*, signifie à la lettre une constitution *expressive* de la *chose publique*, ou de *l'intérêt général*, une charte *déclaratoire du droit commun*. La république, entendue dans ce sens, qui est le seul qui lui soit propre, est *synonyme* de catholicisme romain; c'est la doctrine évangélique réduite à sa dernière conséquence; c'est le règne de la liberté la plus étendue.

On l'a dit mille fois, il n'y a de paix, d'ordre, de prospérité et de bonheur, que sous le règne, égal pour tous, de la justice et du droit. Or, quel est le droit, quel est le devoir, quel est le bien, quel est enfin le moindre vœu favorable aux hommes et aux sociétés, qui soit étranger au catholicisme romain? La religion de cette église *sainte*, parce qu'elle ne sera jamais *vaincue*, ne comprend-elle pas l'ensemble des lois parfaites auxquelles les hommes doivent être soumis? Où pourrait-on, hors d'elle, en trouver une autre plus divine, pour être plus digne de leur être donnée pour règle de leur esprit, de leur volonté et de leurs actions? D'après cela, quel gouvernement pourrait être plus républicain que celui qui s'inspirerait en toutes choses de l'esprit *véritable* du catholicisme romain? Vive la république, si elle doit en hâter le triomphe !

Nous le savons, l'homme ignorant ou ennemi reproche au catholicisme romain de consacrer l'absolutisme des rois et la servitude des peuples. Ce que nous avons dit jusqu'ici, notamment dans la discussion du premier article de la fameuse *Déclaration*, suffit déjà, nous croyons, à faire apprécier la justice de cette grave accusation. Nous espérons la faire mieux apprécier encore lorsque tout à l'heure nous arriverons à la défense du droit divin d'insurrection. Bornons-nous pour ce moment à rappeler que l'évangile est, par son caractère divin, la loi vivante de tous les peuples, et qu'ayant élevé l'intelligence sociale jusqu'aux plus hautes notions du droit, nulle puissance ne saurait prétendre à une vraie soumission, si elle n'est fondée sur le droit et ne gouverne selon le droit, ou conformément à l'évangile. *Allez partout le monde : prêchez l'évangile à toute créature* *. Qu'elle apprenne par là tout ce qui est *droit*, *vérité* et *justice*, et qu'elle se porte à le réaliser.

LE PRÉSENT ET LE PASSÉ.

On lit ce qui suit dans le *Patriote* du 23 mars 1835 :

Ferrières, 20 mars 1835.

Monsieur le rédacteur,

En publiant dans votre numéro d'hier les quelques pensées que je me suis fait l'honneur de vous adresser sur la grande question de la république, vous avez omis d'écrire mon nom en toutes lettres, tel que j'ai l'habitude de le signer. Permettez-moi de vous demander la rectification de cette omission pour les articles à venir, qu'avec votre agrément je me propose de publier par la voie de votre journal.

En religion, je déclare faire sincèrement profession de la foi catholique, apostolique et romaine, et je me propose fermement, moyennant la grâce de Dieu, d'y vivre et d'y mourir.

En politique, je suis aussi sincèrement *républicain*. Chrétien, catholique-romain, républicain, tout cela bien

* Saint Marc, chapitre XVI—15.

entendu signifie la même chose * : pourtant, comme
nous vivons dans un siècle où l'on se porte facilement à
prendre les choses en mauvaise part, je dois dire avec
le baron d'Eckstein que « je n'ai aucune estime pour cette
» vaste propagande républicaine qui aspire au bouléver-
» sement de l'Europe, pour recréer quelque chose de
» semblable à la république de la convention et au despo-
» tisme de l'empire. » Non, point de despotisme ! ni dans
l'église ni dans l'état. Je profite de l'occasion pour vous adresser quelques considérations sommaires sur *le passé et le
présent*, avec prière de vouloir bien les livrer à la publicité, en même temps que la présente lettre. Un peu plus
tard, je vous ferai parvenir la défense du droit d'insurrection, et mes prévisions par rapport à l'avenir.

Pour ce moment, je ne dirai que peu de chose du
passé. C'est d'abord en 1682, la fameuse *déclaration*
dite du clergé de France, qui proclame et consacre au
nom de Dieu la plus horrible servitude des peuples, devant laquelle pourtant se prosterne M. Persil, ministre
de la justice et des cultes : cela ne doit pas étonner,
j'espère.

C'est en second lieu la révolution de 1789, avec toutes
les horreurs qui l'ont accompagnée et suivie, et tout cela
provoqué par la fatale déclaration. En effet, l'article 1er
réduit à sa dernière conséquence, énonce que, par l'ordre
de Dieu, les peuples doivent une *obéissance éternelle*,
sous une *éternelle oppression*. Or, une si odieuse maxime
a dû nécessairement amener tout ce qui a signalé 93,
parce qu'elle a porté le peuple à faire ce raisonnement :

« De tous temps, nous sommes réputés la nation des
Francs : nous avons appris de nos pères que la *liberté*

---

* Il s'est trouvé des esprits étroits qui n'ont pu s'empêcher de rugir
à cette idée. Cependant, si Jésus-Christ lui-même doit être considéré
comme le chef et le vrai fondateur de la *république*; si sa doctrine
n'en est que l'éminente expression, comment pouvoir être chrétien sans
être républicain, et réciproquement ?

est le *droit naturel des peuples*. Cependant on nous dit: C'est l'ordre catholique, l'ordre de Dieu et de son Christ que vous soyez esclaves. Ce dogme révolte la raison : eh bien, vive la raison ! qu'elle seule soit désormais notre dieu et notre souveraine ! oui, à bas le Christ ! à bas sa croix et ses prêtres ! à bas les rois et les nobles leurs fauteurs !» Je voudrais bien qu'un Gallican me démontrât que le premier article de la religion de Bossuet, pour user des termes de M. Persil, ne conduit pas à ce raisonnement.

Le passé est en troisième lieu la révolution de 1830, immédiatement suivie de la *charte-vérité*, qu'on nomme aujourd'hui, et pour cause, la *charte-mensonge* ; et puis, les différentes lois répressives du *droit*, et par conséquent *oppressives*, qui nous ont été imposées depuis les trois jours de glorieux souvenir ; et puis les pots-de-vin ; et puis la détention d'avril ; voire encore, si vous le voulez, les soufflets divers que nous avons reçus de la part de l'étranger !! Voilà pour le passé *. Ce qui est passé est passé ; il n'y a plus à y revenir, c'est-à-dire que si les peuples s'arrêtent quelquefois dans leur marche, du moins ils ne rétrogradent jamais. Les annales du monde sont là pour l'établir au besoin. Les peuples donc sont quelquefois forcés à faire halte ; mais lorsque, indignés des outrages qu'on leur a fait subir, ils viennent, terribles, à reprendre leur marche et à s'élancer de nouveau dans la voie du progrès, quelle force peut leur résister ?

Nous vivons sous le règne de la liberté des opinions. Voici quelle est la mienne, que personne pourtant n'est tenu de partager. Je pense, moi, qu'à l'heure qu'il est, le passé et le présent préludent à de sanglans événemens

---

* Il est bon de remarquer, comme choses passées, que la France paiera aux Américains, de 25 à 30 millions, bien qu'il ne soit pas trop prouvé qu'elle les doive ; que M. Thiers, ministre de l'intérieur, qui, il y a quatre ans, ne pouvait payer un loyer de 400 fr., vient de faire une acquisition de 1,200,000 fr. Un journal a fait remarquer que les *pots-de-vin* lui serviraient à meubler ses caves.

dans l'ordre religieux et politique ; que nous touchons à une époque de désolation et de grandes calamités, mais qui sera suivie de l'empire de la paix et de la liberté. J'arrive au présent.

Le présent, c'est Louis-Philippe Ier, roi des Français, et son gouvernement ; Louis-Philippe vivant inquiet à la vue de l'orage qui s'amoncèle chaque jour et qui menace de fondre bientôt sur lui-même et sur tout ce qui s'y rattache. Peut-être, sans l'appui des hommes riches et timides qui se pressent autour de sa personne, parce qu'au cas de sa chute, ils craignent le pillage, peut-être depuis long-temps il ne serait plus roi des Français : frêle appui que celui de la peur ! Mais, où faut-il aller chercher la cause d'une position si fâcheuse et si difficile ? Nulle part, selon tous les *voyans*, que dans le système qu'il tolère depuis quatre ans. Il est de fait que son gouvernement a violé tous les principes en vertu desquels il existe ; ce gouvernement ne saurait donc plus compter ni sur l'estime, ni sur l'amour, ni sur la confiance de la nation. Jusqu'à quand subsistera-t-il encore ? C'est là le secret de Dieu ; mais toujours est-il qu'il tombera, et il ne le devra qu'à son infidélité. On sait ce qu'il a promis : nous voyons ce qu'il a donné. Il faut conclure de ce fait, que l'avenir recèle dans son sein une tempête plus formidable que celle de 1830. Gare le réveil du peuple !

Agréez, etc.

J.-G. VERDUN, *curé de Ferrières.*

On conçoit sans peine que cette sortie ne pouvait que provoquer la bile de M. Persil ; et c'est en effet ce qui arriva. Le 10 avril suivant, je fus invité à me rendre le 13 du même mois au secrétariat de l'évêché. A mon arrivée, on me communiqua une lettre du *chef de la justice* et des cultes, portant : « Qu'il avait lu dans le *Patriote de la Meurthe* ma professon de *foi répu-*

blicaine ; que ce fait doit suffire à mes supérieurs pour me juger *indigne* d'être maintenu dans les fonctions de mon ministère ; qu'en conséquence ils ne tarderont pas à lui donner avis de ma révocation. Il leur ajoute qu'il vient de donner ordre à M. le préfet de me retenir mon mandat échu. »

OPINION
D'un évêque sur le présent.

On lit dans un ouvrage publié l'an dernier, sous le titre : *Du gouvernement représentatif.*

« Le prince inquiet (Louis-Philippe), saisi de terreur, tantôt caresse le monstre pour l'adoucir, tantôt le repousse et se voit contraint de se mesurer corps à corps avec lui. A la vue du péril qui les menace, les hommes riches et timides, qui craignent le pillage, se pressent autour de sa personne pour prévenir sa chute : il chancelle toujours, il n'est plus soutenu que par cette peur de la révolution, car son gouvernement a violé tous les principes en vertu desquels il existe ; et il ne peut s'appuyer ni sur l'estime, ni sur l'amour, ni sur la confiance de la nation. Or, le courage de la peur ne luttera pas long-temps avec succès contre le courage qui naît de la rage et du désespoir des révolutionnaires trompés dans leurs espérances. Leurs forces s'accroissent chaque jour par les secours qu'ils reçoivent des ambitieux et des mécontens qui passent dans leurs rangs, et l'avenir recèle dan son sein une tempête plus formidable que celle de 1830 *. »

Chacun est libre d'apprécier à sa manière cette sortie de l'ancien évêque de Strasbourg. J'aime à croire qu'il n'entend pas appliquer aux *républicains sincères*, aux véritables amis de la *chose publique* et du *droit com-*

---

* Introd., pages 20 et 21.

mun, l'épithète de *révolutionnaire* prise dans l'accep-
tion odieuse du mot.

Monseigneur Tarin est certainement dévoué à la cause
du *droit commun*. Il n'y a pas de doute qu'il se tien-
drait offensé si on l'accusait du contraire. Ainsi, il est
lui–même *républicain* ou *révolutionnaire*, en tant qu'il
désire l'amélioration et le progrès dans l'ordre de la
chose publique.

Au chapitre V de ce même ouvrage, page 103, Monseigneur, parlant de la presse, s'exprime comme il suit :
« Jamais Charles X reçut-il de sa part autant d'outrages que Louis-Philippe ? Que de sarcasmes, d'épi-
grammes, de railleries, d'allusions offensantes pleuvent
chaque jour sur la tête de ce fils de la révolution,
assis sur un trône populaire ? Y a-t-il dans le royaume
de France un particulier qui soit plus iusulté, plus
avili ? »

On lit plus loin, chapitre XV, pages 232, 240 et
241 : « Ce n'est pas dans les temps où l'on parle le
plus de liberté que les peuples sont plus libres. Quand
des ambitieux méditent l'asservissement d'une nation,
ils déclament contre la tyrannie, et, pour se concilier
l'affection de la multitude, ils font résonner souvent à
ses oreilles les mots magiques de gloire, de bonheur
et de liberté ; mais à peine sont-ils les maîtres du pouvoir, qu'ils chargent de fers les citoyens opposés à leur
criminelle usurpation, et en immolent d'autres par des
sentences arbitraires.

» Sous le règne de Louis-Philippe, le gouvernement
lui-même s'est joué d'une manière révoltante des
libertés publiques. Les visites domiciliaires, l'arrestation
des suspects, les procédures scandaleuses, la violation
de la charte et des lois, flétrie par un arrêt de la cour
suprême, sont des monumens historiques de la servitude du peuple. On assure qu'en moins de trois ans,

plus de soixante mille personnes, non compris les accusés d'avril, ont été arrêtées. Un très-petit nombre a
été trouvé coupable par les tribunaux. Les innocens,
privés de leur liberté, sans motifs graves, ont langui
dans la prison pendant trois mois, six mois, un an,
avant que leur absolution ait été prononcée. »

On voit par ces extraits que je ne suis, quant au
présent, que l'écho de l'ancien évêque de Strasbourg.

Quant à la chute future du gouvernement actuel,
on lit au chapitre XIII, page 3o3 : « Quand nous
examinons l'état actuel de la France, quand nous si-
gnalons les périls qui menacent son gouvernement, nous
ne prétendons pas assigner la date précise de sa chute:
nous affirmons seulement que les hommes *clairvoyans*
qui connaissent le cœur humain et l'histoire, qui méditent sur les causes des révolutions politiques des em-
pires, ne peuvent croire à la longue durée d'une monarchie minée par la liberté de la presse, par la
corruption introduite dans le système du gouvernement,
par la soif de l'or et du pouvoir, par la violation du
principe de la légitimité et de l'hérédité, par la
contradiction qui se manifeste entre la constitution et
les actes des ministres, par l'énergie des factions, par
le déficit du trésor *, par *l'énormité* des *impôts* sous lesquels *le peuple plie et gémit.* »

AVENIR DU MONDE.

» L'Europe court à la démocratie. La France est-elle
autre chose qu'une *république* entravée d'un *dictateur?*
Les peuples grandis sont hors de page ; les princes en
ont eu la garde-noble. Aujourd'hui, les nations, arrivées
à leur majorité, prétendent n'avoir plus besoin de tu-
teurs. Depuis David jusqu'à notre temps, les rois ont
été appelés ; les nations semblent l'être à leur tour. Les
courtes et petites exceptions des républiques grecque,

* Déjà on l'évalue à plus de 5oo,ooo,ooo.

carthaginoise, romaine, n'altèrent pas le fait politique général de l'antiquité, à savoir : l'état monarchique normal de la société sur le globe. Maintenant la société entière quitte la monarchie, du moins la monarchie telle qu'on l'a connue jusqu'ici.

» Les symptômes de la transformation sociale abondent. En vain on s'efforce de reconstituer un parti pour le gouvernement absolu d'un seul : les principes élémentaires de ce gouvernement ne se retrouvent point ; les hommes sont aussi changés que les principes. Bien que les faits aient quelquefois l'air de se combattre, ils n'en concourent pas moins au même résultat, comme, dans une machine, des roues qui tournent en sens opposé, produisent une action commune.

» Les souverains se soumettant graduellement à des libertés nécessaires, se séparant sans violence et sans secousse de leur piédestal, pouvaient transmettre à leurs fils, dans une période moins étendue, leur sceptre héréditaire réduit à des proportions mesurées par la loi. La France eût mieux agi pour son bonheur et son indépendance, en gardant un enfant qui n'aurait pu faire des journées de juillet une honteuse déception ; mais personne n'a compris l'événement. Les rois s'entêtent à garder ce qu'ils ne sauraient retenir ; au lieu de descendre doucement sur le plan incliné, ils s'exposent à tomber dans le gouffre ; au lieu de mourir de sa belle mort pleine d'honneurs et de jours, la monarchie court risque d'être écorchée vive : un tragique mausolée ne renferme à Venise que la peau d'un illustre général.

» Les pays les moins préparés aux institutions libérales, tels que le Portugal et l'Espagne, sont poussés à des mouvemens constitutionnels. Dans ces pays, les idées dépassent les hommes. La France et l'Angleterre, comme deux énormes béliers, frappent à coups redoublés les remparts croulans de l'ancienne société. Les doctrines les plus hardies sur la propriété, l'égalité, la liberté, sont proclamées soir et matin à la face des monarques qui tremblent derrière une triple haie de soldats suspects. Le déluge de la démocratie les gagne; ils montent d'étage en étage, du rez-de-chaussée au comble de leurs palais, d'où ils se jetteront à la nage dans le flot qui les engloutira.

» La découverte de l'imprimerie a changé les conditions sociales; la presse, machine qu'on ne peut briser, continuera à détruire l'ancien monde, jusqu'à ce qu'elle en ait formé un nouveau : c'est une voix calculée pour le forum général des peuples. L'imprimerie n'est que la parole, première de toutes les puissances : la parole a créé l'univers; malheureusement le verbe dans l'homme participe de l'infirmité humaine; il mêlera le mal au bien, tant que notre nature déchue n'aura pas recouvré sa pureté originelle.

» Ainsi, la transformation, amenée par l'âge du monde, aura lieu. Tout est calculé dans ce dessein : rien n'est possible maintenant hors la mort naturelle de la société, d'où doit sortir la renaissance. C'est impiété que de lutter contre l'ange de Dieu, de croire que nous arrêterons la Providence. Aperçue de cette hauteur, la révolution française n'est plus qu'un point de la révolution générale; toutes les impatiences cessent; tous les axiomes de l'ancienne politique deviennent inapplicables.

» Louis-Philippe a mûri d'un demi-siècle le fruit démocratique. La couche *bourgeoise* où s'est implanté le *philippisme*, moins labourée par la révolution que la couche *militaire* et la couche *populaire*, fournit encore quelque suc à la végétation du gouvernement du 7 août, mais elle *sera bientôt épuisée.*

» Il y a des hommes religieux qui se révoltent à la seule supposition de la durée quelconque de l'ordre de chose actuel. « Il est, disent-ils, des réactions inévitables, des réactions morales, enseignantes, magistrales, vengeresses. Si le monarque qui nous initia à la liberté a payé dans ses qualités le despotisme de Louis XIV et la corruption de Louis XV, peut-on croire que la dette contractée par *Égalité*, l'échafaud du roi innocent, ne sera pas acquittée? *Égalité*, en perdant la vie, n'a rien expié : le pleur du dernier monument ne rachète personne ; larmes de la peur qui ne mouillent que la poitrine, et ne tombent pas sur la conscience. Quoi! la race d'Orléans pourrait régner au droit des crimes et des vices de ses aïeux? Où serait donc la Providence? Jamais plus effroyable tentation n'aurait ébranlé la vertu, accusé la justice éternelle, insulté l'existence de Dieu! »

» J'ai entendu faire ces raisonnemens, mais faut-il en conclure que le sceptre du 9 août va tout à l'heure se briser? En s'élevant dans l'ordre universel, le règne de Louis-Philippe n'est qu'une apparente anarchie, qu'une infraction non réelle aux lois de la morale et de l'équité : elles sont violées, ces lois, dans un sens borné et relatif; elles sont suivies dans un sens illimité et général. D'une énormité consentie de Dieu, je tirerais une conséquence plus haute, j'en déduirais la preuve *chrétienne* de l'abolition de la royauté en France; c'est cette abolition même et non un châtiment individuel qui serait l'expiation de la mort de Louis XVI. Nul ne serait admis, après ce juste, à ceindre solidement le diadème : Napoléon l'a vu tomber de son front malgré ses victoires, Charles X malgré sa piété ! Pour achever de discréditer la couronne aux yeux des peuples, il aurait été permis *au fils du régicide* de se coucher un moment en faux roi dans le lit sanglant du martyr.

» Une raison prise dans la catégorie des choses humaines peut encore faire durer quelques instans de plus le gouvernement-sophisme jailli du choc des pavés.

» Depuis quarante ans, tous les gouvernemens n'ont péri en France que *par leur faute* : Louis XVI a pu vingt fois sauver sa couronne et sa vie ; la république n'a succombé qu'à l'excès de ses crimes ; Bonaparte pouvait établir sa dynastie, et il s'est jeté en bas du haut de sa gloire ; sans les ordonnances de juillet, le trône légitime serait encore debout. Mais le gouvernement actuel ne paraît pas devoir commettre la faute qui tue ; son pouvoir ne sera jamais suicide ; toute son habileté est exclusivement employée à sa conservation : il est trop intelligent pour mourir d'une sottise, et il n'a pas en lui de quoi se rendre coupable des méprises du génie ou des faiblesses de la vertu.

» Mais après tout, il *faudra s'en aller :* qu'est-ce que *trois*, *quatre*, *six*, *dix*, *vingt* années dans la vie d'un peuple ? l'ancienne société périt avec la politique chrétienne dont elle est sortie : à Rome, le règne de l'homme fut substitué à celui de la loi par César ; on passa de la république à l'empire. La révolution se résume aujourd'hui en sens contraire ; la loi détrône l'homme ; on repasse de la royauté à la république. L'ère des peuples est revenue ; reste à savoir comment elle sera remplie.

» Il faudra d'abord que l'Europe se nivelle dans un même système ; on ne peut supposer un gouvernement représentatif en France et des monarchies absolues autour de ce gouvernement. Pour arriver là, il est très-probable qu'on subira des guerres étrangères, et qu'on traversera à l'intérieur une double anarchie morale et physique.

» Quand il ne s'agirait que de la seule propriété, n'y touchera-t-on point? restera-t-elle distribuée comme elle l'est ? Une société où des individus ont deux millions de revenu, tandis que d'autres sont réduits à remplir leurs bouges de morceaux de pourritures pour ramasser des vers, vers qui, vendus aux pêcheurs, sont le seul moyen d'existence de ces familles elles-mêmes autochthones du fumier ; une telle société peut-elle demeurer stationnaire sur de tels fondemens au milieu du progrès des idées ?

« » Mais si l'on touche à la propriété, il en résultera des bouleversemens immenses, qui ne s'accompliront pas sans effusion de sang ; la loi du sang et du sacrifice est partout : Dieu a livré son fils aux clous de la croix, pour renouveler l'ordre de l'univers. Avant qu'un nouveau droit soit sorti de ce chaos, les astres se seront souvent levés et couchés. Dix-huit cents ans depuis l'ère chrétienne n'ont pas suffi à l'abolition de l'esclavage ; il n'y a encore qu'une très-petite partie accomplie de la mission évangélique.

» Ces calculs ne vont point à l'impatience des Français : jamais, dans les révolutions qu'ils ont faites, ils n'ont admis l'élément du temps ; c'est pourquoi ils seront toujours ébahis des résultats contraires à leurs espérances. Tandis qu'ils bouleversent, le temps arrange ; il met de l'ordre dans le désordre, rejette le fruit vert, détache le fruit mûr, sasse et crible les hommes, les mœurs et les idées.

» Quelle sera la société nouvelle ? Je l'ignore. Ses lois me sont inconnues ; je ne la comprends pas plus que les anciens ne pouvaient comprendre la société sans esclaves produite par le christianisme. Comment les fortunes se nivelleront-elles, comment le salaire se balancera-t-il avec le travail, comment la femme parviendra-t-elle à l'émancipation complète ? Je n'en sais rien. Jusqu'à présent la société a procédé par *agrégation* et par *famille* ; quelle aspect offrira-t-elle lorsqu'elle ne sera plus qu'*individuelle*, comme elle tend à le devenir, comme on la voit déjà se former aux États-Unis ? Vraisemblablement *l'espèce humaine* s'agrandira, mais il est à craindre que *l'homme* ne diminue, que quelques facultés éminentes du génie ne se perdent, que l'imagination, la poésie,

les arts , ne meurent dans les trous d'une société-ruche ,
où chaque individu ne sera plus qu'une abeille , une
roue dans une machine, un atôme dans la matière or-
ganisée. Si la religion chrétienne s'éteignait , on arriverait par la liberté à la pétrification sociale où la Chine est
arrivée par l'esclavage.

» La société moderne a mis dix siècles à se composer ;
maintenant elle se décompose. Les générations du moyen-
âge étaient vigoureuses , parce qu'elles étaient dans la
progression ascendante ; nous , nous sommes débiles ,
parce que nous sommes dans la progression descendante.
Ce monde décroissant ne reprendra de force que quand
il aura atteint le dernier degré , d'où il commencera à
remonter vers une nouvelle vie. Je vois bien une population qui s'agite, qui proclame sa puissance , qui
s'écrie : « Je veux ! je serai ! à moi l'avenir ! je découvre
l'univers ! On n'avait rien vu avant moi ; le monde m'at-
tendait ; je suis incomparable. Mes pères étaient des enfans et des idiots. »

» Les faits ont-ils répondu à ces magnifiques paroles ?
Que d'espérances n'ont point été déçues en talens et en
caractères ! Si vous en exceptez une trentaine d'hommes
d'un mérite réel, quel troupeau de générations liber-
tines , avortées , sans convictions , sans foi politique et
religieuse , se précipitant sur l'argent et les places ,
comme des pauvres sur une distribution gratuite ; troupeau qui ne reconnaît point de berger , qui court de la
plaine à la montagne et de la montagne à la plaine ,
dédaignant l'expérience des vieux pâtres durcis au vent
et au soleil ! Nous ne sommes que des générations de
passage ; générations intermédiaires , obscures , vouées à
l'oubli , formant la chaîne pour atteindre les mains qui
cueilleront l'avenir.

» Respectant le malheur et me respectant moi-même ,
respectant ce que j'ai servi et ce que je continuerai de

servir au prix du repos de mes vieux jours, je crain-
drais de prononcer vivant un mot qui pût blesser des
infortunes ou même détruire des chimères. Mais quand
je ne serai plus, mes sacrifices donneront à ma tombe
le droit de dire la vérité. Mes devoirs seront changés;
l'intérêt de ma patrie l'emportera sur les engagemens de
l'honneur dont je serai délié. Aux Bourbons appartient
ma vie.; à mon pays appartient ma mort. Prophète en
quittant le monde, je trace mes prédictions sur mes
heures tombantes, feuilles séchées et légères que le
souffle de l'éternité aura bientôt emportées.

» S'il était vrai que les hautes races des rois, refusant
de s'éclairer, approchassent du terme de leur puissance,
ne serait-il pas mieux, dans leur intérêt historique, que
par une fin digne de leur grandeur, elles se retirassent
dans la sainte nuit du passé avec les siècles? Prolonger
sa vie au-delà d'une éclatante illustration ne vaut rien :
le monde se lasse de vous et de votre bruit : il vous en
veut d'être toujours là pour l'entendre. Alexandre, César, Napoléon, ont disparu selon les règles de la gloire :
pour mourir beau, il faut mourir jeune. Ne faites pas
dire aux enfans du printemps : « Comment! c'est là
cette renommée, cette race, à qui le monde battait des
mains, dont on aurait payé un cheveu, un sourire,
un regard, du sacrifice de sa vie ! » Qu'il est triste de
voir le vieux Louis XIV, étranger aux générations nouvelles, ne trouver plus auprès de lui, pour parler de
son siècle, que le vieux duc de Villeroi ! Ce fut une
dernière victoire du grand Condé en radotage, d'avoir,
au bord de sa fosse, rencontré Bossuet : l'orateur ra-
nima les eaux muettes de Chantilly; avec l'enfance du
vieillard, il repétrit son adolescence; il rebrunit les cheveux sur le front du vainqueur de Rocroy, en disant,
lui Bossuet, un immortel adieu à ses cheveux blancs.
Hommes qui aimez la gloire, soignez votre tombeau;

couchez-vous-y bien : tâchez d'y faire bonne figure, car vous y resterez ! » CHATEAUBRIAND.

A MES CENSEURS.

« On ne doit aux vices aucun ménagement ; mais on en doit aux opinions , et même aux erreurs , surtout lorsqu'on est sans mission pour les combattre. Lors même qu'on est chargé par état de les attaquer, il est beau, il est sage , il est utile de ne faire jamais parler au zèle que le langage de la charité, et de reprendre les hommes sans les aigrir, parce que si on les aigrit , on ne les corrige pas. » (*Paroles du duc de Nivernais au cardinal Maury.*)

Lorsque ma lettre , insérée au *Patriote de la Meurthe* du 23 mars, eut paru, on vit tout à coup les *ignorans*, les *peureux*, les *étroits* et surtout les *salariés du juste-milieu* se mettre à crier *haro !* Je crus nécessaire d'y répondre par la pièce suivante que j'adressai au bureau du journal susdit, sous la date du 30 mars 1835. La rédaction s'imaginant que je voulais la blesser par l'un des paragraphes qu'elle contient, refusa de l'insérer et m'écrivit à ce sujet. J'aime à croire que sur la réponse que je lui fis, elle se porta de suite à mieux juger de mes intentions et de la loyauté de mes sentimens. Je disais à mes censeurs :

1° « On m'objecte que le sacerdoce doit se tenir absolument étranger à la politique, et ne doit point la mêler aux questions religieuses. » Je ne saurais vraiment me faire idée de ce qu'on entend lorsqu'on prétend que la politique doit être entièrement étrangère aux questions religieuses. En effet, si la politique est *l'art de gouverner;* si , en tout état de cause, on doit gouverner conformément aux principes de la justice et de la charité; si la religion n'est que la loi universelle de vérité, de justice et de charité , *la politique , l'art de gouverner* ne signifie donc autre chose que l'art d'appliquer la religion aux divers états de la société, quelle que soit d'ailleurs la forme de gouvernement qu'il lui plaise d'adopter. On avance donc une absurdité quand on prétend que la religion doit se tenir étrangère à la politique. Il est visible, au contraire, qu'elle s'y lie intimement, et qu'elle doit réunir tous ses efforts pour la diriger, l'éclairer et la préserver de la tyrannie. Donc le sacerdoce catholique, organe de la religion, manque à sa mission alors qu'il ne cherche pas à calmer l'irritation des peuples par des discours et des écrits propres à leur faire comprendre que la religion est, à elle seule, la *loi parfaite de la liberté*, comme parle un apôtre. Je n'ai jamais compris que des hommes graves et réfléchis pussent se tromper jusqu'à se persuader que le sacerdoce et la religion doivent se tenir étrangers à la politique. Cette maxime n'est que la doctrine pratique de l'article 1er de la fameuse déclaration de 1682. Cet article porte, en somme, que « *les rois et les princes ne sont aucunement soumis à la puissance de l'Église, par l'ordre de Dieu, dans les choses temporelles.* » Donc les dépositaires de la puissance ecclésiastique n'ont rien à voir dans la politique des princes. Donc, s'ils viennent à opprimer leurs peuples, les pontifes et les prêtres n'ont point à y trouver à redire. Donc enfin, que les peuples opprimés viennent à invoquer leur médiation, ils doivent toujours, et dans tous les cas, leur répondre : Votre bien-être matériel ne nous regarde pas. Les rois et les princes sont, par l'institution même de Dieu, indépendans de notre juridiction ; ils ne doivent compte de leur politique qu'à lui seul ; ainsi, en attendant qu'il lui plaise de moissonner ceux qui vous tyrannisent et d'en tirer la vengeance qui lui appartient, obéissez, souffrez et taisez-vous ! C'est là l'unique parole de consolation que nous pouvons vous adresser dans la triste situation où il nous est bien certainement pénible de vous voir. Qu'en dites-vous, mon cher lecteur, est-ce bien ainsi que Dieu a ordonné les choses?

« 2° Il paraît étrange, même impie, à plusieurs, que j'aie choisi pour organe une feuille du caractère du *Patriote de la Meurthe*. Mais, eu égard au but que je me proposais, je ne devais pas en agir autrement. En admettant qu'un mauvais fond anime la rédaction de cette feuille, il est impossible de prouver *l'impossibilité* de la ramener à une meilleure voie. Il est possible d'arriver sinon à convertir, du moins à diminuer les préventions mal fondées de quelques-uns de ses membres ; ce qui ne serait pas un si grand mal. »

Ensuite, on peut supposer que beaucoup de lecteurs n'ont pas un aussi mauvais fond, ni des sentimens aussi hostiles que la rédaction elle-même ; et je pourrais aujourd'hui établir la preuve que plus d'un républicain n'a pas été peu surpris et peu satisfait d'apprendre et de comprendre, que le christianisme catholique-romain n'a rien d'incompatible avec la république, entendue dans le sens de l'intérêt général ou du droit commun. Or, ce n'est pas peu de chose, voyez-vous, que la perception de cette vérité, elle peut beaucoup sur l'avenir d'une âme droite et sincère.

« 3° Il paraît encore à plusieurs que les républicains sont généralement des hommes sans principes religieux *, impatiens de tout joug, mus par l'ambition ; qui ne feraient pas mieux que ceux dont ils se plaignent, s'ils se trouvaient élevés aux charges qu'ils convoitent. « En un mot, par républicain, on entend aujourd'hui un homme qui hait les rois, qui méprise l'autel et ses ministres. »

Je ne me permettrai pas de souscrire purement et simplement à un jugement de cette nature ; mais je réponds à cela qu'il n'est pas d'homme si égaré qu'il ne puisse toujours être ramené à une meilleure voie. S'il est écrit que les *pervers*

* A propos de religion, je demanderai à mes censeurs si les doctrinaires et les légitimistes, pris en masse, se montrent plus religieux et plus dévots que ceux qui se donnent le nom de républicains ?

se *corrigent difficilement*, du moins , il n'est pas dit qu'ils soient absolument sans remède. *L'esprit de Dieu souffle où il veut*. Or, en admettant que ce qu'on appelle le parti républicain soit une masse de perdition , je me plais à croire qu'elle renferme plus d'un individu susceptible d'être replacé sur la voie et de se rallier à la vérité. Pourquoi alors ne pas se jeter au-devant de cette foule, afin de sauver tous ceux qui n'ont pas la volonté formelle de périr? On peut appliquer à tous les républicains pris en masse , ces paroles d'un journal:

« Plus on les observe , plus on est convaincu qu'ils ont reçu à l'origine un enseignement chrétien : le Christ a passé dans ces intelligences. On y reconnaît à chaque instant la trace de ses pas ; de là cet amour ardent , généreux , quoique mal éclairé , pour l'humanité , pour tout ce qu'il y a dans l'humanité de pauvre et de souffrant ; de là , cette indignation , cette noble colère contre l'oppression de la force brutale , contre le vice et l'immoralité politique. » Mais , à cet enseignement a succédé, on le voit , aussi celui des philosophes du dernier siècle. On s'est nourri de leurs écrits , et le poison a fait son effet ; en perdant l'intelligence , on a perdu le sens des choses spirituelles. Or, qui ressuscitera ces âmes si le sacerdoce catholique ne se met pas en devoir de souffler sur eux la parole de vie ? A qui a-t-il été dit : « Vous êtes le sel de la terre , vous êtes la lumière du monde *? »

« Par républicain , on entend aujourd'hui un homme qui hait les rois, qui méprise l'autel et ses ministres. »

Voici , je crois, ce qu'on peut répondre sur ce sujet, en se restreignant dans le cercle des généralités.

La royauté est aujourd'hui haïe , parce qu'il est arrivé que beaucoup trop de ceux qui l'ont occupée jusqu'ici ont violé leur mission , en mettant leur volonté, leurs caprices, leurs goûts, leurs intérêts de dynastie à la place

* Math., v. 13 et 14.

des intérêts généraux de la société. On conçoit qu'à prendre les choses en ce sens, un évêque constitutionnel ait pu parler avec dignité, lorsqu'il a dit que *l'histoire des rois n'est que le martyrologe des peuples.*

Ensuite, si les ministres de l'autel sont devenus chez nous un objet de mépris, c'est qu'en général, ils ont trop paru sacrifier le droit des peuples à l'intérêt des rois, par l'acceptation des maximes odieuses de 1682. Je dois me borner ici à ces simples généralités, pour ne pas anticiper sur des questions que j'ai traitées ailleurs avec plus d'étendue.

Partant de ces considérations, je soutiens que l'avenir du monde est dans la réconciliation des souverainetés et des peuples avec Rome. « Rome, dit un auteur dont le nom m'échappe, c'est le pivot de l'humanité » ; car, dit un père de l'Eglise : « Où est Pierre, là aussi est l'Eglise, c'est-à-dire la société : Pierre a parlé, la cause est finie.» Je reprends.

Où est Pierre, là aussi est l'Eglise.

Où est l'Eglise, là aussi est la vérité : car l'Eglise n'est que la société universelle de vérité et de justice.

Où se trouvent la vérité et la justice, là aussi se trouvent la paix et la liberté.

Où se trouvent la paix et la liberté, là aussi est le salut.

Où est le salut, là aussi se trouve la félicité.

Où se trouve la félicité, là aussi se trouvent les vraies jouissances, tout contentement et toute satiété.

Donc, hors de l'Eglise, point de salut. Je dis point de salut pour ce monde ni pour l'autre. Point de salut pour l'individu ni pour les nations. Point de salut pour les rois ni pour les peuples. Plus tard, on aura lieu de mieux apercevoir cette vérité.

« 4° On eût désiré que j'eusse procédé par une brochure, plutôt que par la voie d'un journal ; au moins, dit-on, ma démarche n'eût pas eu autant de retentissement. »

Oui, mais alors, je me fusse éloigné du but que je me proposais, et de dissiper quelque peu les préventions anti-catholiques de ceux qui se disent patriotes, et d'éclairer l'opinion sur une question qui est aujourd'hui, quoi qu'on dise, la seule vitale, la seule européenne, et la seule en rapport avec le triomphe du catholicisme-romain par tout l'univers.

Saint Paul disait autrefois aux membres de l'aréopage d'Athènes : « Seigneurs Athéniens, en passant dans votre ville, il m'a paru que vous êtes très-religieux. J'ai lu sur un de vos autels cette inscription : Au Dieu inconnu. Eh bien, c'est ce Dieu que vous ne connaissez pas que je viens vous annoncer. »

De même le sacerdoce catholique doit dire à tous les Français de nos jours : « En passant dans vos villes et en parcourant vos provinces, il nous a paru que vous êtes excessivement épris de l'amour de la patrie. Nous avons lu sur vos divers drapeaux : *Liberté, ordre public ; au triomphe de la république ; au triomphe de la légitimité*. Or, tout cela bien entendu signifie une même chose, *le règne du droit commun*. Ainsi, vous êtes d'accord pour le fond ; mais nous voyons que vous n'avez pas des idées exactes de ce droit commun qui est l'objet de vos recherches. Eh bien, c'est de quoi nous venons vous instruire ; car l'Evangile que nous devons prêcher à toute créature en est la plus haute expression. C'est ce que je démontrerai dans une prochaine publication. »

L'écrivain sacré nous apprend avec la plus naïve simplicité, que quelques-uns *se moquèrent de ses discours*. Quelques-uns lui dirent : *Nous vous entendrons sur cela un autre jour :* mais aussi il y en eut qui, *adhérant à sa doctrine et se faisant instruire, embrassèrent le christianisme*, et de ce nombre fut *Denis*, membre de l'aréopage.

« 5° Finalement, je prends, sur ma route, les hommes

tels que je les rencontre, c'est-à-dire avec leurs passions, leurs erreurs et leurs préjugés; puis, je tâche de les conduire, comme je peux, par *toute sorte d'enseignement et de patience* *, là où ils doivent arriver. Je n'estime pas le monde plus malade ni plus incurable qu'il l'était au temps où Jésus-Christ vint y semer les premières idées de la république. »

Je regrette deux choses : la première, que chaque diocèse n'ait pas un journal mensuel, ou hebdomadaire, ou périodique, consacré à faire parvenir les doctrines vraiment catholiques jusqu'aux hommes qui ne les connaissent pas, ou qui les connaissent mal ; qui prennent pour enseignement catholique ce qui ne l'est pas. A mon avis, c'est aujourd'hui le seul moyen de nous réconcilier cette multitude qui se perd, parce que mille préjugés, plus ou moins absurdes, l'empêchent de s'établir en rapport avec nous.

Je regrette en second lieu, qu'à l'époque de juillet 1830, le clergé français, et cela s'entend surtout de l'épiscopat, ait négligé de faire ouvertement sa profession de foi politique, et de se placer ainsi en tête du mouvement social, afin de l'éclairer et de le diriger. « Vous êtes, disait J.-C. aux premiers évêques, le *sel de la terre* et la *lumière du monde* ; et son premier vicaire, celui qu'il avait placé à la tête du collége apostolique, non pas à titre honorifique seulement, mais à titre de prince souverain, disait aux évêques de son temps, dans une des lettres qu'il écrivait à toute l'Église: Ayez soin de paître le troupeau de Dieu qui vous est confié. » Or, il me semble, si je ne me trompe pas, que *paître* le troupeau de Dieu, c'est lui apprendre ses droits et ses devoirs même *politiques*. Le nier, c'est, selon moi, réduire en pratique le *premier article de foi* de ce que M. Persil appelle si sottement une *religion française*, la religion

* Saint Paul à Timothée.

de *Bossuet* *. Je ne fais que toucher ici à cette grave question traitée avec plus d'étendue dans l'essai sur *la déclaration de 1682*.

Nous savons que le salut du monde ne peut être que dans les lois invariables par lesquelles Dieu gouverne les êtres intelligens, c'est-à-dire dans le règne de toute vérité et de toute justice. Pourquoi souffrir qu'on nous impute de ne le chercher que dans la forme, presqu'arbitraire en soi, des institutions, dans un homme, dans une race, dans tout ce qui n'est rien et ne peut rien? Pourquoi souffrir qu'on nous accuse d'être plus occupés des intérêts d'un homme, d'une famille, que de ceux de Dieu et de la patrie?

Pourquoi ne pas nous montrer franchement aux peuples ce que nous devons être, *docteurs* de la vérité et de toute la vérité, *amis* du bon droit et *zélateurs* de la liberté? Oui, mes chers censeurs, je le dis par une conviction profonde : Si les peuples pouvaient avoir de nous cette idée, bientôt nous ne compterions plus d'ennemis que parmi les hommes de mauvaise foi.

« Quand, chez une nation catholique, il y a changement entier dans l'ordre politique, c'est une nécessité pour l'ordre ecclésiastique d'éprouver aussi quelque modification nouvelle. Sans doute l'église et les pontifes chargés de son régime ne doivent rien relâcher de la *loi divine;* mais ils doivent se prêter sagement aux conjonctures, en faisant toutes les concessions qu'elle peut supporter, et en prenant une part active aux efforts légitimes que l'on fait pour hâter l'amélioration et les progrès de la société dans les choses humaines. Les révolutions une fois consommées, ils doivent révérer les nouveaux maîtres établis par Dieu sur *le choix des*

---

* Voir ses paroles, au procès de l'*Ecole libre.*

peuples dans les droits des anciens, et se concerter entre eux pour convenir des règles que peuvent réclamer les besoins des temps *. Si l'esprit de l'Église est immuable, il est de cet esprit même que la discipline se transforme et s'accommode aux divers états de la société; c'est le moyen de rendre la religion aimable et d'attacher solidement à Dieu les maîtres et les sujets ** ».

Je viens d'exposer ma manière de voir et les motifs qui m'ont déterminé aux publications politiques que j'ai faites; je crois n'avoir que bien fait, jusqu'à ce que, par de meilleures raisons, on vienne me démontrer le contraire. Je poursuivrai donc ma course, *en usant de mon indépendance dans l'ordre des opinions*, et en accomplissant la mission que me donne naturellement la défense d'une cause légitime. Tout en respectant les opinions et les jugemens des hommes dans la mesure qui convient, je déclare pourtant que je m'en inquiète peu, lorsqu'ils me paraissent étroits ou passionnés, fondés sur l'intérêt, l'égoïsme ou la peur, ou enfin sur l'ignorance et l'inappréciation des événemens et de la marche du siècle.

Je crains Dieu, cher Abner, et n'ai pas d'autre crainte.

J'ai l'honneur de tirer ma profonde révérence à mes censeurs politiques, en les priant de croire que je les embrasse tous dans les sentimens d'une vive et sincère charité.

A propos de la charité, il me vient une idée qu'il me semble bon d'exposer ici. La charité est la consomma-

---

* Mais Louis-Philippe Ier, roi des Français, qui a juré la liberté des cultes, ne veut pas que nos évêques puissent se concerter pour arrêter des mesures, faire des déclarations, parler et agir en corps. (*Voir l'ordonnance du 4 mars* 1835, *contresignée* PERSIL, *qui supprime le mémoire présenté au roi par Monseigneur l'évêque de Moulins.*)

** Bérault-Bercastel, Hist. de l'Église.

tion du christianisme considéré sous le rapport des vertus qu'il commande et qu'il soutient. C'est ce qu'vec un peu de *catéchisme*, on ne saurait ignorer. Or, si le christianisme est *la plus haute expression de la république*, comme je me propose de le démontrer un peu plus tard, il s'ensuit évidemment que la charité, entendue dans le sens chrétien, est le sublime du dévouement, et, par conséquent, le caractère éminemment distinctif d'un *vrai républicain*. Donc, celui qui n'a pas la charité, et qui ne s'efforce pas de l'obtenir par de dignes et constantes instances auprès de Dieu, qui en est l'unique principe et l'unique source, ne mérite pas le nom de *républicain.* Ainsi, il abuse des termes et commet une véritable usurpation quand il ose se l'attribuer. *Jongleur* est le seul nom qui lui convienne *.

Je passe maintenant à la discussion de ce qu'on appelle mes *folles spéculations*. J'espère qu'il ne me sera pas difficile de prouver à mes *supérieurs*, à mes *confrères* et aux *fidèles*, que ce que j'ai entrepris depuis plusieurs années (depuis 1827), non–seulement n'a rien d'incompatible avec la *dignité du caractère sacerdotal et la spiritualité des fonctions ecclésiastiques*, mais encore sympathise très–bien avec l'ordre *de la charité chrétienne* et du *dévouement sacerdotal*, qui n'est, à proprement parler, que l'ordre de dévouement à la *chose publique*.

Il y a pourtant une considération qui m'embarrasse. J'ai *promis de mordre avec charité et de toutes mes dents ceux qui ont voulu me mordre **. Mais mordre

* Ce serait peut être ici le lieu de faire remarquer ce que doit valoir aux yeux d'un appréciateur *vraiment philosophe*, ce qu'on appelle si étroitement aujourd'hui la *philantropie*, comparée à la charité ; mais je ne veux pas m'en occuper à ce moment ; un peu plus tard, j'aurai l'occasion d'y revenir.

** Voir ma protestation.

avec charité et de toutes ses dents, me paraît un peu difficile. Ces deux choses-là ne sauraient guère se concilier. Vraiment, je n'y ai pas assez réfléchi ; autrement je n'aurais pas pris cet engagement. Mais, parole donnée est parole sacrée. Je veux donc tenir ma parole, bien résolu à m'en tirer du mieux que je pourrai, pour mordre assez, sans mordre outre-mesure, et me renfermer ainsi dans l'*ordre républicain*.

En 1823, M. l'abbé Hugard était depuis environ 12 à 13 ans curé de Morville-les-Vic, et se trouvait propriétaire de l'ancien presbytère. A force d'instances auprès du maire de ce temps, il parvint à déterminer l'autorité municipale à racheter cette propriété. Cela fait, il s'en va. Bientôt un successeur lui est donné et s'en va à son tour au bout de quelques mois.

Je lui succédai à mon tour en 1825. Morville-les-Vic est sans contredit l'une des plus pauvres paroisses du diocèse. Ce presbytère dont je viens de parler n'était qu'une vieille maison mal distribuée et tombant en ruines. En 1827, elle fut déclarée inhabitable par un architecte envoyé de la sous-préfecture de Château-Salins, pour en faire la visite. Déjà une partie du toit s'était abattue. Que faire dans cet état de choses ? Depuis deux ans la commune pauvre en avait fait acquisition au moyen des centimes additionnels ; elle avait encore à s'acquitter pour cela d'une redevance en capital de 1,700 fr. Alors elle se trouvait donc dans l'impossibilité d'entreprendre aucune réparation. Inspiré par l'esprit de dévouement et considérant l'insuffisance des revenus communaux, je pris le parti de rebâtir le presbytère à mes *frais* et *pertes* plutôt que d'abandonner le poste. Je conviens sans peine que ce fut une entreprise téméraire ; mais toujours est-il qu'il y eut de ma part dévouement au *bien public* de cette localité.

L'année suivante, 1828, je fis bâtir une maison d'école et faire aux bâtimens de l'église et de la tour quantité de réparations des plus urgentes. J'y mis du mien pour au moins 8 à 9,000 fr., sans espoir ni prétention d'en jamais rien retirer. Malgré la gêne où l'on comprend que dut me réduire tout à coup une dette aussi forte que celle que je venais de contracter, ayant commencé sans avoir aucun argent fait, je ne cessai, pendant les années suivantes, de m'occuper des besoins des pauvres et d'y pourvoir autant qu'il me fut possible, en leur procurant la nourriture, le vêtement et le chauffage. Je ne parle de ceci que pour ma justification.

Dans cette position difficile, il m'était sans doute permis de m'arrêter à quelques spéculations particulières, afin de réaliser les moyens de me libérer au plus vite, et de pouvoir achever le peu de bien que j'avais commencé ; c'est à ce dessein qu'en 1827 et 1828, je fis achat d'une certaine quantité de vin, sur quoi je fis bientôt une perte considérable, par suite de la baisse survenue dans le prix pendant le cours de l'année suivante, 1829. Ayant échoué dans cette entreprise, je dus nécessairement recourir à d'autres moyens pour couvrir ma dette. Il y avait à vendre sur le territoire de Morville-les-Vic des terrains incultes et abandonnés, mais qui me paraissaient susceptibles d'une grande amélioration. J'en fis acquisition. Mais on comprend sans peine que tant pour les acheter que pour les faire valoir, il me fallut contracter de nouvelles dettes. Or, afin de pouvoir les acquitter plus tard, il est clair que je dus aviser au moyen d'en tirer tout le bénéfice possible, en consommant tous les produits de la manière qui put me paraître la plus lucrative. Si je n'eus pas le bonheur de toujours réussir, au moins, du côté de la religion, de l'humanité, de la charité et du dévouement, j'eus le bonheur de fournir à *l'ouvrier*, au *prolétaire malheureux*, le moyen de vivre, en lui distribuant le travail. Je pourrais prouver, sans me donner beaucoup de peine , que depuis 1827 jusqu'à ce jour, je l'ai dédommagé de ses fatigues par un déboursé de plus de 30,000 fr.

Je pourrais me flatter encore d'avoir hâté dans cette localité les progrès de l'agriculture , si pourtant on veut se donner la peine d'apprécier et d'imiter ce que j'ai essayé pour l'amélioration des terrains. Donc , malgré la haute improbation de mes *supérieurs*, de mes *confrères* et des *fidèles* *. Je soutiens que je n'ai aucunement démérité aux yeux de la société et de la religion , et qu'il est digne , je dirais presque du devoir, du pasteur catholique de s'occuper, quand il le peut , de l'art de cultiver et de fertiliser les terres. Il le peut à titre de récréation, pourquoi ne le pourrait-il pas dans des vues d'utilité publique ? Je donnerai dans la suite à cette question tout le développement qu'elle comporte , en traitant de l'*inamovibilité* des curés desservans.

J'aurais maintenant à raconter la violence avec laquelle le conseil épiscopal s'est cru en droit de me révoquer dans le temps , à titre de curé de Morville-les-Vic ; mais la charité m'inspire de le passer sous silence , vu surtout que l'opinion publique n'est point le tribunal compétent pour en connaître , et que d'ailleurs il est écrit que nous ne devons *pas révéler ce qui peut tourner à la honte de nos pères.* L'autorité épiscopale est celle de J.-C. même. *Malheur aux mains qui la profanent ! Malheur aux sujets qui la décrient !* Je dis l'*autorité* et non pas la *tyrannie* épiscopale.

DE LA RÉPUBLIQUE COMME GOUVERNEMENT.

Jusqu'ici je n'ai parlé de la république que comme *principe social* , comme *charte* expressive de la *chose publique* ou du *droit commun.* Je prie le lecteur de vouloir s'en souvenir, et de vouloir faire bien attention que toute autre chose que cela n'est point la république ; qu'ainsi c'est abuser

* Voir la lettre de M. Dieulin , vicaire-général.

des termes, c'est chercher à tromper l'ignorance et la bonne foi que d'appeler de ce nom des systèmes qui auraient pour but de satisfaire *l'égoïsme*, et d'établir ainsi un régime destructif de la vraie liberté.

Parlons maintenant de la république comme *gouvernement*.

A partir de cette remarque précédente, aucun gouvernement, quelle que soit sa forme, ne saurait mériter le nom de gouvernement *républicain* qu'à la condition de protéger *la chose publique* en faisant régner le *droit commun*. Toute puissance qui agit en dehors de cette ligne, n'est que la *tyrannie* et *l'oppression* de la force brutale. Cela ne saurait souffrir aucune difficulté.

Maintenant, si on me demande quelle est, de toutes les formes de gouvernement républicain celle que j'estime la meilleure, la plus conforme à la tranquillité publique, la plus dégagée de toute faction et de toute intrigue, la moins sujette aux divisions et aux troubles? Je répondrai sans aucune hésitation que c'est la *monarchie* * *soumise à la juridiction de l'église catholique*, parce

---

* « **Deux** pouvoirs sont nécessaires à l'existence et aux fonctions du corps politique : celui de vouloir et celui d'agir. Par le premier, la société établit les règles qui doivent la conduire au but qu'elle se propose, et qui est incontestablement le bien de tous. Par le second, ces règles s'exécutent, et la force publique sert à faire triompher la société des obstacles que cette exécution pourrait rencontrer dans l'opposition des volontés individuelles. »

« Chez une grande nation, ces deux pouvoirs ne peuvent être exercés par elle-même : de là, la nécessité des représentans du peuple pour l'exercice de la faculté de vouloir, ou de la puissance législative; de là, encore la nécessité d'une autre espèce de représentans pour l'exercice de la faculté d'agir, ou de la puissance exécutive. »

« Plus la nation est considérable, plus il importe que cette dernière puissance soit active; de là, la nécessité d'un *chef unique et suprême* d'un gouvernement *monarchique* dans les grands états, où les convulsions, les démembremens seraient infiniment à craindre, s'il n'existait une force suffisante pour en réunir toutes les parties et tourner vers un centre commun leur activité. (MIRABEAU. *Discours sur la sanction royale.*)

qu'ayant sa règle en Dieu, *représenté souverainement sur la terre dans la personne du pontife romain*, il n'arriverait jamais qu'elle mît ses *intérêts*, ses *goûts*, ses *caprices*, ses *volontés arbitraires* à la place des *intérêts généraux* de la société *.

Voilà, me dira-t-on, un magnifique plan de société ; mais comment arriver à la réalité d'une aussi majestueuse unité ?

« Nous y marchons, pour parler le langage d'un philosophe chrétien, et nous devons tous la saluer de loin **. » J'aurai lieu de développer cette pensée ailleurs, en traitant de l'avenir du christianisme catholique-romain. En attendant, qu'il me soit permis de citer un mot de M. de Châteaubriand.

« S'il existait, dit-il, au milieu de l'Europe un tribunal qui jugeât au nom de Dieu les nations et les monarques, et qui prévînt les guerres et les révolutions, ce tribunal serait sans doute le chef-d'œuvre de la politique et le dernier degré de la perfection sociale ***. »

Eh bien ! ce tribunal existe, non pas au milieu de l'Europe, mais au milieu du monde universel. Sa juridiction s'étend à toute la terre, et il a son siége à Rome.

« Les papes, ajoute M. de Châteaubriand, ont été au moment d'atteindre ce but. » Je soutiens qu'ils y mar-

---

* Au surplus, quelle que soit la forme du pouvoir gouvernemental, une chose demeure certaine, c'est qu'il est toujours légitime dès que, consenti par les peuples, il *représente et protége l'intérêt général* de la société, par le *règne du droit commun*. Ainsi, la question des personnes *régnant et gouvernant*, n'est pas de celles qui doivent préoccuper de véritables patriotes, et le pouvoir se trouve toujours bien placé alors qu'il s'exerce avec générosité dans un esprit de conciliation et au profit du pays. Si le gouvernement de Louis-Philippe pouvait le comprendre et se mettre en mesure de le pratiquer, rien ne pourrait l'empêcher de se maintenir et de soustraire la France aux calamités qui la menacent.

** Comte de MAISTRE. (*Soirées de Saint-Pétersbourg.*)

*** Génie du christianisme, part. IV, liv. VI, chap. XI.

chent aujourd'hui avec une rapidité toute nouvelle. *Régner d'une mer à l'autre, des bords du fleuve jusqu'aux extrémités de la terre**, telle est la vocation du Christ. On sait que c'est aux mains de Pierre qu'il a remis toute sa puissance ; ainsi *Pierre vivra dans ses successeurs***.

AVENIR DU CHRISTIANISME CATHOLIQUE-ROMAIN
Dans l'ordre religieux et politique.

*Ce n'est pas en vain que la Providence agite le monde... Nous marchons tous vers une grande unité que nous devons saluer de loin***.*

Dieu, à qui la force et la puissance appartiennent en propre, ne craint rien pour la destruction de ses œuvres. S'il arrive parfois qu'elles soient en butte aux projets de l'homme insensé, c'est qu'il lui plaît de le permettre, et toujours par des raisons dignes de lui. Il sait qu'à la suite d'un long et opiniâtre combat, une gloire plus éclatante entoure le vainqueur, fait ressortir plus que jamais la justice de sa cause, et affermit de plus en plus sa puissance. Tel est l'avenir du christianisme, j'entends du christianisme catholique-romain, œuvre de Dieu par excellence. Oui, n'en doutez pas, une immense vitalité anime l'Eglise romaine, seule vraie dépositaire des trésors du Christ. Que des tempêtes s'élèvent ; que les vents de l'erreur soufflent avec force ; que les foudres même vomissent le fer et le feu de la destruction, la colonne de vérité n'en est point ébranlée ; elle n'en reçoit même aucune atteinte ; et, dès que l'orage est passé, elle réapparaît à la terre, plus majestueuse et plus éclatante, plus ferme et plus pure.

O vous qui savez vous tenir dans l'indépendance de tout préjugé ; vous qui contemplez la marche des peuples;

---

* Au livre des pseaumes.
** Bossuet, Disc. sur l'unité de l'Eglise.
*** Soirées de St.-Pétersbourg, 2ᵉ entretien, page 171. Fév. 1822.

vous qui avez l'habitude de réfléchir sur les événemens qui se passent sous vos yeux, et qui vous trouvez à même de voir les choses de loin, parce que vous avez su vous placer à de grandes hauteurs :

« Prêtez l'oreille et dites-moi d'où vient ce bruit confus, vague, étrange, que l'on entend de tous côtés ?

» Posez la main sur la terre, et dites-moi pourquoi elle a tressailli ?

» N'est-il pas que quelque chose que nous ne savons pas se remue dans le monde ? N'y a-t-il pas là un travail de Dieu ?

» Est-ce que chacun n'est pas dans l'attente ? Est-ce qu'il y a un cœur qui ne batte pas ? N'est-il pas vrai que tout s'ébranle, que tout se meut, que tout prend un nouvel aspect *? »

Les rois, les gouvernans, je dis en général, ont proclamé leur indépendance absolue de *toute puissance ecclésiastique ou divine établie sur la terre ;* ils ont entendu ne relever que d'*eux-mêmes,* régner au *gré de leur volonté*, et n'avoir d'autre règle que *leur caprice* ou *leur intérêt propre ;* et voilà que tout à coup les peuples se lèvent en tumulte, réclamant la liberté, le règne du *droit commun*, le triomphe de la *chose publique* ou de l'*intérêt général.* La guerre, une guerre à mort, est entre eux et les rois. Voyez comme la France, cette terre primitive de la liberté, est en spectacle, non pas seulement aux yeux de l'Europe, mais aux yeux de l'univers même. Elle ne fait pas un mouvement en faveur de la vraie liberté, qu'il ne se répète plus ou moins efficacement, comme par une sorte d'oscillation, jusqu'aux extrémités de la terre.

Comparez le monde européen actuel avec le monde européen de 1789 ; et puis après avoir scruté attentivement les faits, après avoir fait à l'homme, à la passion,

* Paroles d'un croyant.

aux préjugés et aux principes, leur juste part à chacun, dites, la main sur la conscience, si, au résumé, tout ne va pas au triomphe de la *chose publique*, par conséquent au triomphe du christianisme *catholique-romain*, qui en est *la plus haute expression*.

»Ce fait avoué, contemplez l'Orient; voyez s'il ne se trouble pas en lui-même? N'est-il pas manifeste qu'il cède aujourd'hui à l'ascendant européen? N'est-il pas manifeste qu'il regarde ses antiques palais crouler, ses vieux temples tomber en poudre? Ne lève-t-il pas les yeux comme pour chercher d'autres grandeurs et un autre Dieu? Le *Croissant*, pressé sur ses deux points, à Constantinople et à Delhi, ne menace-t-il pas d'éclater par le milieu? Où en est aujourd'hui l'empire ottoman? Qu'il vienne à tomber; et il tombera, il tombera bientôt, et dès l'instant de sa chute, c'en est fait du mahométisme abrutissant. « Il se meurt en Egypte, écrivaient naguères des apôtres du saint-simonisme. A Alexandrie, il n'y a que le christianisme qui ait vie. Les mosquées sont désertes; les églises sont, au contraire, remplies de monde *.

« En Perse, comme dans tout le reste de l'Asie-Mineure, la religion de Mahomet a dégénéré en momerie, et ne consiste plus que dans l'observation de quelques formes, dans l'accomplissement de quelques cérémonies. Ainsi, la prière ne se fait plus aujourd'hui que par habitude et machinalement. Lorsque la voix du prêtre y convie les fidèles, le Musulman qui juge encore à propos de s'acquitter de ce devoir, sans se déranger de son occupation, se retourne et marmotte quelques paroles sans suite, tout en riant du mot ordurier, ou du dernier calembourg qu'il vient d'adresser à son interlocuteur. Dans les intervalles de la prière, il reprend la conversation interrompue, quel que soit son sujet, crie après ses domes-

* *Univers religieux*, 26 et 25 août 1834.

tiques, leur donne des ordres, se fait la barbe et interpelle les personnes présentes par les questions les plus
futiles et les plus saugrenues.

» Ainsi devait tomber dans le mépris de ses plus ardens
sectateurs, une religion qui ne parlait jamais au cœur,
et qui n'avait pour base que les passions les plus gros-
sières.

» L'indifférence religieuse et l'oubli des préceptes de
l'islamisme sont encore plus frappans chez les Persans
que chez leurs voisins les Turcs de l'Asie–Mineure,
ce qui n'empêche pas les uns et les autres de punir sé-
vèrement ce qu'ils appellent la profanation des sanc-
tuaires. A mesure que la domination des princes asia-
tiques a diminué, leur piété s'est éteinte. Aujourd'hui,
toutes les classes sont atteintes du scepticisme ; les *der-
viches* eux–mêmes donnent l'exemple au peuples en
reniant publiquement les principes fondamentaux de
l'islamisme, et achèvent de miner l'édifice élevé par
le prophète, en semant le monde mahométan de sectes
schismatiques.

» Ainsi la seule puissance qui, dans l'état d'oppression où il languit, aurait pu conserver quelqu'énergie
au cœur du peuple persan, et lui faire prendre ses
maux en patience, n'existe plus. Avec la religion s'est
évanoui l'enthousiasme belliqueux. Il ne leur reste plus
pour mobile, dans les expéditions guerrières, que l'ar-
deur du pillage, que la passion du vol ; triste condition pour un peuple autrefois puissant et respecté ! Voilà
donc les deux causes principales, les deux sources de la
faiblesse de la nation persane : *immoralité* et *absence
de religion*.* »

Maintenant que le Christ vienne à s'offrir aux stu-
pides habitans de ces vastes régions, il attirera im-
manquablement tout à lui. Et d'ailleurs, peuvent-ils

______
* Le *Temps.* (Voir l'*Univers religieux*, 27 juin 1834.)

s'élever de nouveau à la vie sociale qu'en acceptant de se soumettre à son évangile, *loi parfaite* de la liberté ou de la *chose publique.*

Si de la Turquie et de la Perse, nous passons dans le reste de l'Asie, en Tartarie, en Chine, au Tibet, dans le Mogol et l'Indostan, nous y trouverons l'idolâtrie qui se dissipe, et le christianisme *catholique-romain* faisant chaque jour de nouveaux progrès et de nouvelles conquêtes; de sorte qu'on peut hardiment prédire qu'en un ou deux siècles, ce reste de la terre se prosternera devant la Croix. Tout à l'heure j'aurai lieu d'en faire sentir la raison. Revenons en Europe, et voyons si tout ce qui s'y passe ne prélude pas au prochain triomphe du christianisme catholique-romain.

Voyez l'Angleterre, cette antique terre des saints, à qui les événemens ont donné 1,500 lieues de frontières avec le Tibet et la Chine, ne marche-t-elle pas à grands pas vers sa réconciliation avec Rome? D'après un rapport officiel présenté en 1828 à la chambre des communes, l'augmentation progressive des catholiques à Londres et dans ses environs immédiats, est de 53,780, depuis 1819 jusqu'à 1826; c'est-à-dire qu'en 1826, ils se trouvaient au nombre de 133,110, au lieu de 79,800 qu'ils étaient en 1819. Depuis cette époque, l'augmentation est bien autrement sensible. L'Angleterre est donc en voie, et même on peut dire en grande voie de retour à l'antique foi. Oui, impossible à l'anglicanisme de pouvoir jamais se relever des rudes coups qui lui ont été portés depuis 1826, par *W. Cobbett* *, par lord *Brougham*, chancelier d'Angleterre **; et tout récemment par le savant abbé *Jager* ***. Encore un mot à propos de l'Angleterre.

* Lettres sur l'histoire de la réforme en Angleterre et en Irlande.
** *Univers religieux*, 28 et 29 avril 1834, sur l'anglicanisme.
*** Voir sa controverse avec M. N., ministre anglican et membre de l'université d'Oxford.

On sait que son empire s'étend aujourd'hui sur toutes les mers. Quel immense avantage le christianisme catholique-romain ne doit-il pas en retirer, lorsqu'une fois elle s'y sera réconciliée? Qui pourrait douter qu'on ne vît alors comme des troupes d'apôtres partant de tous ses ports pour aller conquérir au Christ ce qu'il y a encore de nations qui ne le connaissent pas? A ce propos, je veux citer trois faits qui me paraissent très-dignes d'une grande attention.

« A la demande des catholiques chinois de Pékin, le général des Jésuites vient de leur envoyer deux prêtres de cet ordre, à qui se sont joints deux autres prêtres de la congrégation établie pour la *propagation de la foi*. Ils doivent non-seulement, avec l'approbation, mais à la demande même du gouvernement anglais, passer par Calcutta pour y fonder une mission catholique *. »

Ensuite, qui sait où doivent aboutir, d'après les vues de la Providence, les immenses entreprises des compagnies anglaises dans les Indes et le Levant? Le projet de joindre l'Oronte à l'Euphrate par un canal partant d'Antioche jusqu'à Belles ; les travaux actuels du barrage du Nil, complétés par la route en fer qui va se construire du Caire à Suez, ouvrant à l'Europe une voie de transport facile jusqu'au fond de l'Inde par la mer Rouge et le golfe Persique, ne seront sûrement pas sans quelque résultat favorable à la propagation de la foi catholique, et, par conséquent, au triomphe de la *liberté des peuples*, Celle-ci est le fruit nécessaire de l'autre.

Enfin, on ne sait peut-être pas assez que des milliers de bras coupent aussi actuellement l'isthme de Panama... Un traité a été conclu à cet effet entre la république de Guatimala et la maison Palmer de New-Yorck. Un canal fortifié ouvrira le passage entre les deux Amériques : la dépense est estimée à 26 millions de fr. Peut-être arri-

* *Journal des Villes et des Campagnes.* 20 Janv. 1835.

vera-t-il un jour qu'on coupe aussi l'isthme de Suez qui sépare deux mondes, comme l'isthme de Panama sépare deux mers, ce qui serait beaucoup plus avantageux que ce chemin de fer dont nous venons de parler ; c'est, dit-on, le projet de l'Egypte, aujourd'hui en grande voie de civilisation, et par suite gravitant vers le catholicisme romain. De cette manière nos ports se trouveraient deux fois plus proches des Amériques et des Indes. L'intervalle entre Calcutta et Panama, qui constituent deux extrémités, serait réduit de moitié. Dès lors plus de nécessité de tourner deux immenses continens, l'Afrique et l'Amérique du Sud. Bientôt la vapeur, cette puissance constante remplaçant la voile inconstante, et se chargeant de conduire nos vaisseaux, leur ferait franchir ces distances abrégées sur des mers plus calmes ; or, il n'y a pas de doute que les relations et les progrès du commerce favoriseraient ceux de la religion, et qu'en fort peu de temps la *parole suprême* du *pontife romain* serait *entendue, écoutée, reçue* et *gardée* d'une *mer à l'autre, et des bords du fleuve jusqu'aux extrémités de la terre.*

J'ai parlé de l'Angleterre, que dirai-je de l'Allemagne protestante ? qu'attend-elle pour opérer son retour à l'antique foi ?... Que la république triomphe, et bientôt on ne parlera plus de ses *rois-pontifes*. Il faut dire la même chose de la *Russie schismatique.*

Afin de sentir plus vivement la vérité de ce que nous venons d'exposer, nous prions le lecteur de donner une attention toute particulière à ce qui suit :

« Depuis le grand sacrifice de l'Homme-Dieu pour la libération et le salut de tous ; depuis qu'il a été dit sur les peuples de toutes les parties du monde, *qu'ils soient un !* tous les peuples tendent, à leur insu, à se fondre, à devenir un seul peuple. L'idée de l'unité, si merveilleusement exprimée par le vœu de J.-C., plane comme une loi mystérieuse et universelle devant toutes les intelligences, et les volontés, entrainées par une attraction commune, gravitent partout vers un même centre.

» C'est ainsi que s'explique ce rapprochement admirable des nations, qui s'opère aujourd'hui au milieu des agitations et par tant de moyens divers. Les barrières, les séparations tombent de tous côtés devant les progrès triomphans de l'industrie humaine. Le fleuve de la civilisation coule à pleins bords ; il surmonte tous les obstacles, et ses eaux, toujours croissant, tendent à se mettre partout de niveau. La pensée est rapide comme le vent, féconde comme la nature ; les hommes s'entendent d'une extrémité de la terre à l'autre ; ils commencent à s'unir par la science et les lumières, et c'est la voie pour arriver à l'unité dans la foi et à l'union dans la charité. Oui, c'est la parole du Christ, son vœu sublime, qui a imprimé ce mouvement à l'humanité, et, depuis dix-huit siècles, son esprit qu'il a laissé aux siens, et qui sera avec eux jusqu'à la consommation des temps, travaille dans son Eglise à le réaliser.

» C'est l'esprit du christianisme qui apprend aux hommes à se connaître, à se respecter mutuellement, à s'aimer les uns et les autres ; et de cette science de l'homme, de cette charité pour l'homme, qui ont rétabli le royaume de Dieu et sa justice dans le monde, est sorti comme par surcroît *l'affranchissement politique* des peuples dont chaque degré venant en son temps, a posé comme un jalon dans la voie de la liberté moderne par la libération successive de l'*esclave*, du *serf*, de la *commune*, du *noir*... Et cette marche triomphante de la liberté, conduite par Dieu même, ne s'arrêtera que lorsque la parole du Christ sera plainement accomplie : *Qu'ils soient un* * !

» On voit que ce développement aide à saisir la pensée

---

* Réponse d'un chrét. aux paroles d'un croyant, par l'abbé Bautain.

de M. *de Bonald*, quand il dit : « Que le règne de J.-C. n'est autre chose que la propagation universelle du christianisme, dont les lois doivent tôt ou tard régler les lois de tous les états et de toutes les familles, et qui, même actuellement, en règlent la plus grande et la meilleure partie... Il n'y pas, ajoute-t-il, de vérité exprimée plus à découvert dans l'évangile, que la royauté de J.-C. sur la société *même politique*. Le passage, *mon royaume n'est pas de ce monde*, par lequel on a voulu lui en contester, pour ainsi dire, l'exercice, ne peut et ne doit s'entendre que du monde idolâtre et corrompu au milieu duquel il parlait, et qui avait pour roi le prince des ténèbres *. »

On sait qu'avant de quitter la terre, Jésus-Christ fit choix de Pierre pour lui succéder dans l'exercice de *toute la puissance qui lui avait été donnée dans le ciel et sur la terre*, c'est-à-dire qu'il l'investit de sa *propre souveraineté* pour *paître, régir* et *gouverner* en son nom *toute l'Eglise* qu'il venait de fonder.

Pierre vivra dans ses successeurs, et il arrivera un jour que tous les peuples ne composeront plus qu'un *même troupeau* sous la garde de ce *même pasteur*.

---

* « Pilate, rentré au prétoire, interpelle Jésus et lui dit : Êtes-vous le roi des Juifs ? Jésus lui répond : Est-ce de vous-même que vous le dites, ou est-il que quelques autres vous l'aient dit de moi ? » Ainsi, Jésus ne nie pas qu'il soit appelé à régner politiquement sur les Juifs. L'interrogatoire se poursuit. « Pilate dit à Jésus : Votre nation et ses pontifes vous ont traduit devant moi ; qu'avez-vous fait ? Jésus lui répond, *en le fixant toujours à la question de sa royauté* : Mon royaume n'est pas de ce monde ; si mon royaume était de ce monde, vous verriez mes gens empêcher que je fusse livré aux Juifs. Mais pour ce moment, *nunc autem*, mon royaume n'est pas de ce monde. Alors, Pilate lui dit : Vous êtes donc roi ? Jésus lui répond : Vous dites bien, car je suis roi. Le but de ma naissance, *ego in hoc natus sum*, et celui de mon apparition dans le monde, *et ad hoc veni in mundum*, est de rendre témoignage à la vérité, *ut testimonium perhibeam veritati, et de régner par la vérité sur ceux qui aiment la vérité*. Donc, quiconque appartient à la vérité écoute ma voix, reçoit avec soumission la vérité que je lui annonce et l'exécute. » (*St. Jean, chap. XVIII* — 33, 34, 35, 36, 37.)

DIOCÈSE DE NANCY ET DE TOUL.

Ferrières, cejourd'hui vendredi-saint 17 avril 1835.

A M. le ministre de la justice et des cultes.

Monsieur le ministre,

Lundi dernier, 13 du présent mois d'avril, il m'a été donné communication d'une lettre tout récemment adressée par vous à MM. les vicaires-généraux du diocèse de Nancy, dans laquelle vous témoignez avoir lu, dans le *Patriote de la Meurthe* du 23 mars dernier, ma profession de *foi républicaine.* Cette démarche, selon vous, doit suffire à me faire juger *indigne* d'être maintenu dans les fonctions de mon ministère ; et vous vous attendez que MM. les vicaires-généraux ne tarderont pas à vous donner avis de ma révocation. Vous témoignez, dans cette même lettre, que vous venez d'intimer à M. le préfet de la Meurthe, *l'ordre de me retenir mon mandat.*

Avant d'examiner, et même je n'en prendrai pas la peine, avant d'examiner, dis-je, si vous avez le droit de confisquer mon mandat et d'exiger de mes supérieurs la révocation de mon titre, voici, Monsieur le ministre, les explications que je crois devoir vous adresser, afin de vous mettre à même de bien apprécier toute la portée de ma démarche. Plusieurs y voient une *imprudence,* *une folie,* etc. : pour moi, elle ne m'apparaît pas telle. Respectant l'opinion de chacun, et ne me permettant point de les qualifier ainsi, dans leur manifestation, j'aimerais aussi que l'on s'imposât de respecter la mienne.

Considérant, d'après les études philosophico-politiques auxquelles je me suis livré depuis les événemens de juillet 1830, que de vastes désirs de *vérité* et de *justice,* d'ordre et de *liberté,* excitent aujourd'hui tous les peuples; qu'ainsi, *l'esprit républicain,* cet esprit désireux d'un gouvernement *protecteur de tous les droits et répressif* *de tous les abus* (je dis à prendre les hommes tels qu'ils sont à l'état actuel de l'humanité , et à les considérer dans ce qu'ils peuvent être sous l'influence de l'Evangile) ; considérant , dis-je , que cet *esprit républicain* marche rapidement à la conquête de l'Europe , pour arriver plus tard à celle du monde entier , j'ai cru qu'il ne serait pas sans utilité de faire insérer dans le premier journal qui s'est trouvé sous ma main et plus à ma portée , quelques considérations qui m'ont paru propres à éclairer la question de la *république* , actuellement si agitée parmi nous, et dont la solution ne peut plus se faire attendre long-temps. C'est dans cette pensée que j'ai demandé à la rédaction du *Patriote de la Meurthe* de permettre l'insertion des articles contenus aux numéros des 19 et 23 mars dernier. Je n'ai pas été sans prévoir que je serais l'objet de bien des *risées*, de bien des *censures* et de bien des *haines* ; je m'y suis résigné. On sait qu'il est écrit : *Celui qui aime son père , sa mère , ses frères , ses sœurs , ses parens , ses amis , plus que moi , n'est pas digne de moi**. Or, la cause du Christ implique celle de la patrie.

Par un sentiment de bienveillance , la rédaction du *Patriote de la Meurthe* avait supprimé ma signature , mise au bas de mon premier article ; j'en ai réclamé l'insertion en toutes lettres , parce que ma foi politique me paraissant solidement fondée et se lier intimement à ma foi religieuse , je ne sais point en rougir. Enfin , c'est à dessein que je me suis prononcé contre le système du *juste-milieu* , dans un moment où la démocratie expie dans les prisons sa résistance à l'arbitraire et à la tyrannie. Depuis long-temps , je désirais parler dans l'intérêt de sa défense.

A partir de la définition que j'ai donnée de la *république* dans le numéro du 19, et d'après la restriction formelle dans l'article inséré au numéro du 23 mars précité , vous ne sauriez,

* Evangile.

M. le ministre, m'accuser de n'avoir pas une opinion honorable, conforme en tout point à l'enseignement catholique.
Comment alors se fait-il que je vous paraisse dans le cas d'être
jugé, par mes supérieurs, indigne d'être maintenu dans
les fonctions de mon ministère? Comment surtout osez-
vous porter le *despotisme* à ce point, de donner, de votre
propre mouvement, l'ordre de me retenir mon mandat
échu, et cela contrairement à l'article 57 de la charte?
Un acte aussi arbitraire, M. le ministre, offre une nouvelle preuve de la nécessité d'un régime républicain. Vous
avez déjà beaucoup trop à faire pour sortir de ce laby-
rinthe où vous vous êtes si imprudemmeut engagé en
intentant le *procès-monstre*; et j'estime que, par le temps
qui court, vous eussiez fait sagement de fermer les yeux
sur le fait de la profession de foi *républicaine* d'un petit
curé d'une importance aussi minime que la mienne.
Comment n'avez-vous pas senti que vos prétentions à l'é-
gard de l'évêché de Nancy, relativement à la révocation
de mon titre, et vos ordres à M. le préfet ne seraient
pas sans retentissement? Croyez bien que les tribunaux
seront appelés à décider la question de savoir si vous avez
le droit de confisquer de vous-même mon mandat, et
surtout de le confisquer à propos de ma profession de
foi républicaine. Je ne cours pas après deux ou trois cents
fr., mais après la *justice*, et je me plais à croire que le *conseil
d'état* et les *tribunaux* ne se feront pas complices de
votre iniquité, l'un en refusant l'autorisation de vous
poursuivre, et les *tribunaux*, en *déclinant la compétence*.
Si je me trompais dans mon attente, ce ne serait qu'une
violence de plus, et, par conséquent, un nouveau pas
vers un régime plus équitable. Quand l'injustice aura
comblé sa mesure, la *vérité* et la *justice* reprendront leur
empire.

Que si, rappelant le texte de l'apôtre : « Obéissez
aux puissances supérieures, » on prétendait m'inculper

d'avoir violé ce précepte , je suis prêt à répondre à cette difficulté. De bonne foi , M. le ministre , pensez-vous que la parole de l'apôtre doive être toute entière au profit du *hideux despote ?*..... C'est l'enseignement catholique, que nul n'a droit à l'obéissance des peuples qu'à la condition d'être investi du titre de souveraineté, et de gouverner selon le *droit*, conformément à l'ordre de *justice.* Si , supposé que vos nombreuses occupations vous l'ont permis , votre *piété* vous a inspiré d'assister aujourd'hui matin à l'office divin , vous pouvez vous rappeler d'avoir entendu le prêtre député par l'Eglise et priant en son nom pour le salut et la prospérité de l'état , prononcer cette formule : « Afin que , et le roi gouvernant selon la justice , et le peuple obéissant fidèlement....., conspirent par une piété unanime à la tranquillité du royaume. » *Ut et rex justè imperando, et populus fideliter obediendo..., regni tranquillitatem unanimi pietate conspirent* *.

Ensuite je dois vous faire observer que , signaler les erreurs et les fautes d'un gouvernement , ne s'identifie pas avec la prédication de l'*anarchie.* Dans le premier cas , lorsque ceux qui manient le timon des affaires sont *hommes d'honneur, consciencieux* et *vraiment dévoués au bien de leur pays*, ils savent toujours gré à ceux qui les avertissent des abîmes où vient aboutir la voie qu'ils ont choisie ; et alors, cédant au sentiment de leur devoir et aux inspirations d'un patriotisme sincère , ils se hâtent de rentrer dans celle de la sagesse , de la justice et de l'humanité. Réparant ainsi les torts qu'ils peuvent avoir , ils arrivent à détourner de leur nation les malheurs qui menacent de l'accabler.

Finalement, *républicain* n'est point synonime *d'anarchiste ;* et je dois vous répéter que « je n'ai aucune » estime pour cette vaste propangande soi-disant répu-

---

* Office du vendredi saint. *Pro rege.*

» blicaine , qui aspire au bouleversement de l'Europe,
» pour recréer quelque chose de pareil à la république de
» la convention et au despotisme de l'empire *. » Je
n'estime pas davantage cette vaste propagande *galli-*
cane, qui aspire au *renversement de la liberté des*
peuples et de la constitution de l'Eglise par *le*
triomphe des odieuses maximes de 1682. J'aime à
croire, M. le ministre , que ce fut sans y avoir jamais
bien réfléchi , que vous en invoquâtes *l'enseignement*
dans le cours des débats du procès que vous *intentâtes* à
l'*Ecole libre* en 1831 **. Ou, si vous compreniez alors où
peuvent aboutir ces principes à *jamais détestables*, en
les supposant réduits à leur dernière conséquence ; si
aujourd'hui encore ils sont devenus la *règle de vos*
actes ministériels, jugez-vous vous-même , et permettez-
moi de vous demander, usant de vos propres termes , si
l'on ne doit pas vous estimer *indigne d'être maintenu*
dans les fonctions de votre ministère, et *s'il n'importe*
pas à la liberté de la France qu'on lui donne inces-
sâmment avis de votre révocation?

Qu'il me soit permis encore de vous rappeler le mot
du général Donnadieu, à propos de ce que vous appelez
la religion de Bossuet. « La plupart des hommes dont les ·
vues ont été fort courtes, n'ont pas tari en éloges sur la
fameuse déclaration de 1682***. » Le même dit encore****:
« Si la France devait cesser d'être France , c'est aux
pouvoirs seuls qu'elle serait redevable de sa mort..... »
Plus loin, il assigne, entre autres causes souveraines des
révolutions politiques, *l'infidélité* des pouvoirs, et il
fait observer que c'est surtout à cela qu'il faut rapporter
la chute de celui qui a succombé en 1830. Les mêmes

* *Patriote* du 23 mars.
** Voir vos paroles en cette occasion.
*** De l'homme et de la société. Introduction.
**** *Ibidem.*

causes produisent toujours les mêmes effets. Je désire vivement, M. le ministre, que vous ayez cet axiome toujours présent à l'esprit.

Jadis, au milieu des peuples esclaves, il exista un peuple libre, parce qu'il était soumis à un *régime républicain*. Figure d'un peuple nouveau destiné à jouir d'une liberté parfaite, la nation d'Israël fut incontestablement le plus heureux de tous les peuples de la terre, tant qu'elle sut se soumettre à l'ordre de Dieu. C'est aussi en acceptant de se soumettre à l'empire du Christ, que les nations présentes et à venir peuvent arriver à *jouir d'une paix et d'un bonheur parfaits*, autant qu'il est possible de l'atteindre ici-bas. En effet, M. le ministre, que pourrait-il manquer à un peuple chrétien sur qui régnerait véritablement J.-C.? « Le christianisme, dit Novalis, de la secte des frères moraves ou anabaptistes, est sans contredit le germe de toute vraie démocratie. C'est le sublime de la popularité, et il n'y a de christianisme applicable à l'humanité que la vieille foi catholique *. »

Je ne saurais finir, M. le ministre, sans vous faire remarquer un fait qui se présente très à propos. Voyez : aujourd'hui même l'Eglise chrétienne célèbre l'anniversaire d'un grand deuil, en transmettant le souvenir douloureux du plus grand crime qui puisse jamais se commettre. Elle rappelle au monde qu'à pareil jour, il y a 18,000 ans, le *sang du juste*, trahi par les princes de la synagogue, fut répandu sur la croix, *gibet de l'esclave*, par les *soldats du despotisme*, pour le salut de la *république*, c'est-à-dire pour le triomphe de tous les droits de Dieu sur l'homme, de tous les droits de l'homme sur lui-même, et de tous les droits de la société sur l'homme individuel. Ah ! M. le ministre, si je pouvais mériter quelque confiance auprès des *républicains*, je leur crierais,

---

* Mélanges catholiques, tome 2. Novalis.

épanchant avec tendresse mon âme dans leur âme : O vous qui aspirez à établir sur la terre des *Francs* un régime protecteur de la *chose publique*, ou de l'*intérêt général* par le règne du droit commun, souvenez-vous et de la dignité de la croix et de la vertu de la croix : de la dignité de la croix pour la *respecter* et l'*honorer*; de la vertu de la croix pour l'*invoquer* et vous y *cramponner*. La croix, c'est le PALLADIUM de la république. Allez donc en ce jour déposer vos douleurs et vos désirs aux pieds de la croix. Chargés de vos fers, prosternez-vous devant elle et recommandez-lui la justice de votre cause, qui apparaît si belle et si noble quand on sait la séparer de tout *ce qui n'est pas elle*. Ayez toute confiance dans la croix; car rien n'est aussi puissant qu'elle. Autrefois, il fut dit à Constantin : Vous vaincrez en ce signe. Le lendemain, la bataille se donna. Constantin s'avança à la rencontre de l'ennemi, plein de confiance dans la croix gravée sur les étendards de ses légions, et il demeura vainqueur.

Voyez, leur dirais-je encore, l'empire des *lis* a voulu l'emporter sur celui de la croix; et il est arrivé qu'en trois jours la force de la croix a vaincu la puissance des lis; c'est-à-dre qu'en trois jours, le *génie chrétien* ou l'*esprit républicain* a tué l'esprit de servitude. Allez donc adorer la croix; non pas le bois de la croix ; car ce n'est pas le bois que l'Eglise adore, mais Jésus-Christ mort en croix pour le salut et la liberté du monde *même politique*. Prosternez-vous aux pieds de la croix, priez la *lumière du monde*, qui s'y trouve attachée, de vouloir bien éclairer les pas de la *république*, afin qu'elle *ne marche point dans les ténèbres; car celui qui marche dans les ténèbres, ne sait pas où il va* * n'ayant pas de but aperçu..... Bientôt, vous allez comparaître devant la souveraine justice du pays. Jusqu'ici, votre situation est nette, précise et d'une

* St. Jean, chap. XII — 35.

simplicité extrème ; tandis que celle du pouvoir est obscure, incertaine, et se complique étrangement *. » Pourtant, malgré cet avantage, il manque encore quelque chose à votre système de défense. Je veux dire qu'il vous importe d'exiger inflexiblement d'être jugés en *présence de la croix*. Car toute cause qui se discute loin d'elle, risque toujours de n'être pas suffisamment éclairée. Vous le savez, c'est à la croix qu'est pendue la *lumière du monde*, le *juge* suprème et éternel de ceux qui doivent vous juger. Enfin, souvenez-vous de deux choses à propos de la croix: elle fut un *scandale au juif*, et, pour ne l'avoir point adorée, cette nation est demeurée jusqu'ici en dehors de l'héritage du salut *même politique*. Ce fut une *folie aux Gentils*, et ceux qui ne l'ont point encore arborée sont demeurés *esclaves ;* et ceux qui, après l'avoir reçue, n'ont pas su en apprécier les fruits, et l'ont rejetée, sont retombés dans la plus affreuse *barbarie*. Elle florissait jadis sur les côtes d'Afrique, et elle n'a permis au Croissant de l'y remplacer que pour faire mieux remarquer les bénédictions ineffaçables qu'elle attire sur les nations qui la cultivent et qui la révèrent.

Agréez, M. le ministre, l'assurance de ma haute considération.

J.-G. VERDUN, *curé de Ferrières.*

REMARQUES GÉNÉRALES.

« Je vous dénonce à l'opinion, qui nous doit une justice exemplaire de votre audace et de vos lâches persécutions: je vous dénonce à la France entière dont vous profanez la confiance et dont vous déshonorez le caractère national. » (*Discours du cardinal Maury, à l'assemblée nationale, à l'occasion de la vente des biens du clergé d'Alsace.*)

Je ne saurais finir sans fixer mes lecteurs à quelques considérations spéciales qui peuvent éclairer la France et profiter à ses intérêts, en portant le gouvernement lui-même à de plus sages entreprises.

* *Univers*, 11 avril 1835. Bulletin.

CONFISCATION DE MON MANDAT.

Sous l'empire de la liberté de publier et de faire imprimer ses opinions, sauf les réserves établies par les lois, j'ai fait profession de républicanisme ; c'est-à-dire que j'ai commis un acte de haute condamnation du *système* adopté par le gouvernement actuel ; système *anti-social*, par cela seul qu'il est *anti-républicain*, ou contraire au droit *commun*, et, par conséquent, tout entier dans l'intérêt de l'*égoïsme*, de la *richesse* et de l'*ambition*. Sur ce fait, M. le ministre de la justice et des cultes entre en colère, et, non content de demander à l'évêché la révocation de mon titre, il ordonne encore la confiscation de mon mandat..... Cette mesure gouvernementale me semble digne d'une attention spéciale de la part de tout Français véritablement ami des intérêts de sa patrie. Pour en apprécier toute l'iniquité, il est nécessaire de se rappeler que les ministres de la religion catholique, apostolique et romaine, réputée celle de la majorité des Français, ne composent point un ordre de *fonctionnaires publics*, encore qu'ils reçoivent des traitemens du trésor public. En tout état de cause, le prêtre catholique doit être considéré *comme l'ambassadeur, comme le ministre de Jésus-Christ, et comme le dispensateur des mystères de Dieu* *. L'idée de prêtre implique donc celle d'*homme de Dieu* et non pas celle d'*homme du gouvernement*, du moins tel qu'il est constitué ** ; mais l'idée d'*homme de Dieu* implique aussi celle d'*homme du peuple*, parce que la cause du peuple est vraiment inséparable de celle de Dieu. Or, que prétend le ministre de la justice et des cultes en réclamant la révocation de mon titre et en confisquant mon mandat, parce qu'il m'est arrivé de com-

---

* 1re Épitre de Saint Paul aux Corinthiens, chap. IV — 1.

** On sait que le principe fondamental du gouvernement actuel est *l'athéisme*.

mettre une manifestation politique contraire aux intérêts du système. Il veut évidemment que les ministres de la religion de la majorité des Français se considèrent comme des âmes *prostituées et vendues*, qui prennent l'engagement de favoriser les vices et de soutenir les prétentions liberticides du pouvoir, si odieuses qu'elles puissent être, à la *condition que*, chaque année, il *leur fera payer* un traitement sur le *trésor public*. C'est-à-dire qu'il veut qu'au prix de l'or, nous trahissions notre ministère, et qu'au lieu de défendre les *droits du peuple*, comme c'est notre mission, nous pressions au contraire, moyennant tant par année, sur toute main qui aspirerait à l'accabler. De plus, et pour comble d'iniquité et d'outrage, ce serait ce pauvre peuple qui serait tenu de verser lui-même au trésor public, au prix de ses sueurs et de ses épargnes, de quoi payer les traitemens que la charte nous garantit. N'est-ce pas là une pensée tout à la fois horrible et inqualifiable? S'il pouvait en être ainsi, ne serions-nous pas les hommes les plus exécrables que jamais la terre puisse porter, et, dans ce cas, ne devrait-on pas à l'instant même nous exterminer tous jusqu'au dernier, avec les tyrans infâmes que nous aurions juré de servir quand même? C'est dans la supposition d'un pareil système que *Diderot* a pu dire avec une véritable dignité :

> Et du boyau du dernier prêtre
> J'étranglerais le dernier roi.

EXAMEN

Des actes de M. Persil dans l'ordre religieux.

1° Il y a aujourd'hui quinze mois que M. Persil fut appelé au double ministère de la justice et des cultes. Cet événement me parut être le plus remarquable de l'époque. Je le signalai par un article que j'adressai à *l'Univers**, mais il refusa de l'insérer..... Certes, je ne

* Journal périodique.

croyais guère alors que je pourrais , un an plus tard , avoir l'occasion d'en publier quelque chose. Voici quelles étaient, à l'occasion de son avénement à la justice, les réflexions d'un journal. « C'est à l'homme qui a le plus violemment menacé d'attaques sérieuses l'institution du jury ; à l'homme le plus irritable , le plus emporté, le plus partial, qu'au milieu de nos tourmentes politiques, on va confier un ministère qui , dans tous les temps , dut être un ministère de paix., de conciliation et d'impartialité *. »

Voici celles que je me faisais moi-même à propos du ministère des cultes réuni à celui de la justice : Quoi, M. Persil au ministère des cultes ! Ah ! Dieu ! C'est à l'homme qui a manifesté une opposition des plus formelles au principe catholique , qui a fait hautement et publiquement sa profession de foi *gallicane*, qu'on va confier un ministère , chargé non-seulement de protéger les intérêts matériels des différens cultes , mais encore de nommer à nos évêchés et d'agréer nos curés! Vraiment, cette combinaison n'est pas sans dessein. Je ne sais ce qu'on projette, mais il me paraît que jamais l'Eglise de France ne s'est trouvée dans une position plus critique. Mes lecteurs vont voir que mes frayeurs n'étaient pas vaines. Comme ministre des cultes, l'histoire de M. Persil ne comprend guère jusqu'ici que trois faits, mais trois faits graves, qui mettent tout à nu ses prétentions liberticides.

Selon *l'Univers religieux* du 11 avril 1834, il aurait dit : « L'amendement-*Echasseriaux* me préoccupe
» beaucoup. Je sais que l'opposition y tient, et je rassemble
» tous mes moyens pour le détruire. Car si le gouver-
» nement ne dotait pas les trente siéges menacés , les
» populations les doteraient elles-mêmes ; et les évêques,
» dont le caractère n'est déjà pas trop flexible, devien-
» draient tout-à-fait indépendans. »

* *Patriote de la Meurthe*, 9 avril 1834.

Si la majorité des Français a compris M. Persil, elle doit se tenir pour avertie qu'il tend à asservir leur religion par l'asservissement des évêques, puisqu'il fait tout pour détruire un amendement qui, de son aveu, aurait eu pour résultat leur indépendance.

Le caractère des évêques ne lui paraît pas déjà trop flexible. Ainsi, la majorité des Français doit encore se tenir pour avertie que quand il aura quelque choix à faire, il ne manquera pas de chercher les hommes qui lui offriront le plus de garantie d'une soumission implicite; les hommes les plus propres à servir ses vues; en un mot, ceux qui lui paraîtront d'un caractère plus flexible. Ses premiers essais sont pourtant réputés dignes de l'Eglise: puisse-t-il en être toujours de même à l'avenir ! Toutefois, on sait quelle réprimande il fit naguères aux évêques pour avoir, sans sa permission, osé publier la dernière lettre encyclique de N. S. P. le pape Grégoire XVI, après que déjà elle avait paru dans tous les journaux. Il serait bon que comme ministre des cultes, il fût un peu initié aux secrets de la théologie, non pas *gallicane*, mais catholique-romaine ; il saurait alors que les successeurs des apôtres n'ont que faire de la permission du gouvernement pour dénoncer à leur troupeau les paroles suprêmes du pontife romain, successeur du prince des apôtres, *à qui la pleine puissance de paître, de régir et de gouverner l'Eglise universelle a été donnée par Jésus-Christ* *.

Le troisième fait est le nouveau mode d'administration des séminaires introduit par lui ; mode qui, selon les termes de Monseigneur l'évêque de Moulins, blesse les convenances, porte atteinte à la juridiction épiscopale, à la discipline de l'Eglise universelle et à celle de l'Eglise gallicane, confirmée par les lois préexistantes du royaume, et enfin l'ordonnance royale du 4 mars 1835, déclarant abusif

* Concile de Florence.

et supprimant le mémoire présenté au roi par cet évêque, formant opposition à ce nouveau mode d'administration. Voilà les prétentions qu'il vient d'élever à l'égard de l'Eglise de France dans le cours de sa première année de ministère dans l'ordre des cultes.

J'ajouterai que M. le ministre des cultes vient d'adresser aux évêques de France une circulaire relative aux fêtes supprimées. Ce PAPE MINISTÉRIEL se plaint de ce que, dans beaucoup de localités, MM. les curés enlèvent les cultivateurs à leurs travaux pour les *obliger* à assister à des offices qui ont cessé d'être compris au nombre des devoirs. Il trouve encore que la simple annonce de ces fêtes est une *contrainte morale* exercée sur les *esprits*, bien que MM. les curés aient soin de prévenir leurs paroissiens qu'elles ne sont point obligatoires. Ces doléances gouvernementales paraîtront bien ridiculement oppressives aux populations catholiques ; mais la *déclaration de 1682* à la main, M. Persil prouvera qu'il est dans *son droit* ; qu'en vertu de l'*indépendance absolue* du pouvoir politique de *toute puissance ecclésiastique*, *par l'institution de Dieu même*, *dans les choses temporelles*, les évêques de France n'ont rien à *lui opposer*, et qu'ils *doivent enjoindre*, tant à leur *clergé* qu'à leurs *ouailles*, *l'obéissance et le silence*, sous peine de *confiscation des mandats* contre *tout récalcitrant*.

Il faut bien faire attention que M. Persil ne saurait ici encourir le reproche de s'ingérer dans l'ordre des choses spirituelles : non, ce n'est pas cela qu'il prétend. Il veut seulement que les cultivateurs ne puissent pas être enlevés à *leurs travaux*, en assistant à des offices qui ont cessé d'être de *devoir*, et empêcher qu'une *contrainte morale* soit exercée sur les *esprits*. N'est-ce pas, M. Persil, vous ne voulez pas autre chose ?..... Eh bien, continuez ; vous êtes incontestablement dans vos droits, puisque ce n'est qu'un objet de l'ordre purement temporel.

Il a été dit aux premiers évêques , et , dans leur personnes , à tous ceux des temps à vénir : *Le monde aspirera à vous opprimer ; mais ayez confiance , j'ai vaincu le monde* *; et il n'y a pas de doute que la république opère leur indépendance.

EXAMEN

Des actes de M. Persil dans l'ordre politique.

Passons maintenant aux actes de M. Persil comme ministre de la justice. Je les réduirai à trois principaux, 1° la mise en accusation de l'insurrection d'avril ; 2° la loi contre les détenteurs d'armes et constructeurs de barricades ; 3° enfin l'ordonnance du 30 mars dernier. Quelques réflexions sur ces trois faits.

1er Fait. La mise en accusation de l'insurrection d'avril. La base actuelle de notre ordre politique et légal, c'est *l'athéisme*, c'est-à-dire l'indépendance absolue du pouvoir temporel de toute puissance spirituelle, ou l'article 1er de la déclaration de 1682 mis en pratique. Or, en présence de ce principe, la mise en accusation de *l'insurrection d'avril* est évidemment plus qu'une inconséquence, c'est une souveraine maladresse. En effet, dans l'ordre *athéistique*, le bon droit n'est que l'empire du plus fort. On sait que jusqu'ici les fauteurs du *système* sont demeurés les plus forts ; mais ils doivent comprendre combien il leur importe que ceux qui ont voulu les renverser soient détruits ; car leur volonté subsiste toujours, et on peut dire qu'il ne leur manque que l'occasion pour revenir à la charge. Or, s'ils le comprennent et qu'ils aient à cœur de voir tomber leurs têtes, à quoi bon recourir à des formalités de justice ? Celui qui est *maître suprême* a le droit de faire ce qui lui plaît, à plus forte raison ce qu'il sait devoir lui

* Saint Jean, XVI—33.

être utile. Et d'ailleurs que signifie le mot de *justice* dans l'odre athéistique? N'est-ce pas une contradiction manifeste? Et encore quelle imprudence, par le temps qui court, que la tentative de ce jugement! Quelle marque d'impéritie!

Il y a cent mille à parier contre un que cette cause ne se terminera pas sans qu'il faille *monter à cheval* *. Il est bien vrai que jusqu'ici on a su garder solidement l'aplomb, qu'on n'a point trahi l'équilibre du *juste-milieu*; mais qui sait ce qui peut arriver à une nouvelle charge? Or, rien que l'idée d'une chute, non-seulement possible, mais très-probable, au cas d'un nouveau mouvement, n'était-ce pas assez pour se déterminer à fuir toute nouvelle provocation?

Le *système* a bien quatre ou cinq cent mille baïonnettes à ses ordres, mais elles ne sauraient agir que par la main du soldat. Or, que le soldat le comprenne, et il le comprendra, qu'il n'est soldat que pour repousser l'ennemi du dedans autant que celui du dehors; que l'ennemi du dedans est celui-là seul qui veut le renversement de la *chose publique* ou du *droit commun*; que le *droit commun* est aujourd'hui violemment attaqué par le *système*; pense-t-on qu'alors il puisse se décider à exécuter contre ses pères et mères, ses frères et sœurs, contre ses parens et ses amis, des ordres de sang et d'incendie? Pense-t-on qu'avec cette intelligence il consente à lutter une troisième fois pour le triomphe du despotisme légal? Non :

> Le soldat *franc* n'est point armé
> Pour combattre la liberté.

Il est certain qu'à bien prendre les choses, les républicains ** ont sur le fond des libertés qu'ils réclament, un immense avantage de raison. En effet, que demandent-ils? l'exécution franche et loyale de la charte jurée, et des

* Paroles de M Thiers.
** Je dis les républicains de bonne foi.

lois complémentaires en harmonie avec cette charte. Or, il est de toute évidence que des lois complémentaires en harmonie avec la charte, ne peuvent être que des lois essentiellement républicaines, qui développent le principe démocratique des institutions, et le fassent pénétrer par mille canaux divers jusque dans les dernières branches de l'administration publique. Peuvent-ils ne pas triompher, ne pas *attirer l'armée à eux*, lorsqu'ils ont pour eux toute la force de la *logique*, cette puissance inflexible, toute la force des choses, toute la force de l'opinion, *raisonnée* s'entend, et toute la force des passions? En dépit donc du ministre Persil et des siens, la république subsistera. Et date de ce jour, toute force brutale, qui, sous le nom de république, prétendrait s'établir et régner en dehors des lois éternelles de l'ordre, du respect des droits d'autrui, des propriétés, de la conscience; en un mot, en dehors de la liberté véritable, est sans espoir de durée. Rien ne tue l'injustice avec autant de puissance qu'elle-même. « Depuis quarante ans, tous les gouvernemens n'ont péri en France que par leur faute. Louis XVI a pu vingt fois sauver sa couronne et sa vie; la république n'a succombé qu'à l'excès de ses crimes; Bonaparte pouvait établir sa dynastie, et il s'est jeté en bas du haut de sa gloire; sans les ordonnances de juillet, le trône légitime serait encore debout; *le gouvernement actuel a commis, lui aussi, la faute qui tue* * », car il est tombé dans *l'injustice* et dans *l'infidélité.*

« En présence de Dieu, je jure d'observer *fidèlement*
» la charte constitutionnelle avec les modifications ex-
» primées dans la déclaration de la chambre des députés;
» de ne gouverner que par *les lois* et selon *les lois;* de
» faire rendre *bonne et exacte justice* à chacun selon *son*
» *droit,* et d'agir en toutes choses dans la seule vue de *l'in-*
» *térêt,* du *bonheur* et de la *gloire* du peuple français. »

---

* *Châteaubriand*, cité plus haut.

Tel fut le serment prononcé le 9 août 1830 par Louis-Philippe ; on sait quelle a été depuis la conduite du gouvernement. Venons à la loi contre les détenteurs d'armes et constructeurs de barricades.

Cette loi est une nouvelle application de l'article 1er de la déclaration de 1682. En effet, s'il est vrai que par l'ordre de Dieu , les peuples doivent une *obéissance éternelle* sous une *éternelle oppression* , il est très-évident qu'on ne saurait reconnaître aux individus composant un peuple , le *droit* de posséder des armes dont ils puissent se servir contre les prétentions du *maître* , si odieuses qu'elles puissent être ; et qu'ainsi il doit leur être défendu , sous les peines les plus graves , de recourir, dans aucun cas , à des constructions qui tendraient à les soustraire au joug qui pourrait les accabler, quelque pesant que l'on puisse se le représenter.

Quant à l'ordonnance du 30 mars , on sait aussi quelles résistances elle a provoquées.

Ces trois grands faits, qui sont ceux de M. le ministre Persil , ont été précédés de la loi contre les associations. Selon toute apparence , c'est cette loi même qui a provoqué *l'insurrection d'avril.* Je vais démontrer que cette loi , si contraire au droit le plus naturel et le plus imprescriptible des nations , est aussi une haute violation de la *charte-vérité.* Ainsi , en supposant qu'elle ait vraiment provoqué l'insurrection susdite, il s'ensuit que les *accusés d'avril* sont mis en cause pour s'être dévoués corps et biens à la défense et au maintien d'un droit naturel exprimé dans la charte ; qu'ainsi ils *souffrent persécution pour la justice* , et que les vrais coupables, ceux qui devraient siéger au banc des accusés comme prévenus de haute trahison nationale , sont ceux-là mêmes qui ont voté et sanctionné la loi.

DÉFENSE DU DROIT D'ASSOCIATION.

La liberté d'association est, pour tous ceux qui ont des intérêts, des opinions, des croyances communes, le droit de se rapprocher, de s'entendre et de s'unir pour les défendre contre toute tentative d'envahissement. Ce droit fut reconnu d'une manière juridique dans toute son étendue par l'universalité du jury de la Seine dans le procès de la *Société des Amis du Peuple*, le 16 décembre 1832, et quelque temps après dans celui des *saints-simoniens*. Il fut permis aux uns et aux autres de se réunir quand et comme bon leur semblerait. La *loi-Barthe* vint, l'an dernier, en disposer autrement. Voyons si elle se trouve bien d'accord avec la charte-vérité ?

L'art. 66 porte textuellement : « La charte et tous les » droits qu'elle consacre demeurent confiés au patrio- » tisme et au courage des gardes nationales et de tous » les citoyens français. »

Or, « il n'est qu'un droit, peut-être deux, à dit M. de *Broglie*, la *presse* et *l'enseignement*, envers lesquels le législateur doit s'interdire toute prohibition. Ce sont les seuls que la charte garantisse. » Est-il que jamais l'on ait insulté si impudemment à la dignité d'une grande nation ? Conçoit-on qu'un ministre ait osé, en pleine chambre, faire une assertion aussi évidemment absurde ? Qui donc pourrait jamais admettre que les pouvoirs constitués, électifs ou héréditaires, pussent ainsi confisquer tous les droits que les constituans ne se sont pas réservés en termes formels par l'acte constitutionnel ? Si le droit de s'associer n'est pas écrit dans la charte, n'est-ce pas qu'avant la charte il était écrit dans le code éternel de la raison ? L'exercice de ce droit n'est-il pas la condition du perfectionnement moral de l'être intelligent ? Pourrait-il y renoncer sans outrager sa nature, sans se renier lui-même ? N'est-ce pas à la faculté de s'associer que les arts doivent leurs progrès, et les peuples civilisés, tant qu'ils sont, le développement de leur intelligence et toutes leurs conquêtes sur le monde matériel ? Qu'est-ce que l'homme isolé, réduit à ses seules forces individuelles ? Cette condition est-elle bien au-dessus de la brute livrée à son instinct ? Disons-le donc, lors même qu'une disposition formelle de la charte donnerait à nos législateurs le pouvoir exhorbitant qu'ils se sont arrogés de proscrire d'une manière absolue toutes les associations, le peuple français devrait encore protester contre cet article immoral et anti-national qui aurait permis, au nom de la volonté général, ce que la conscience de chaque individu lui défendrait.

Sans doute, les associations politiques ne doivent pas avoir d'autre but que celui de la grande association nationale; mais s'ensuit-il de là qu'elles doivent être soumises à l'approbation du chef de l'état ? Je l'admettrais s'il était infaillible; or, il ne l'est pas. Conséquemment il peut se tromper et trahir ainsi les intérêts du pays. Donc, la seule conséquence que l'on puisse tirer de ce principe, c'est que toute association politique doit être dissoute alors qu'il est constant qu'elle s'est établie dans des vues hostiles au bien-être du peuple. La loi suprême c'est de le sauver. Mais aussi long-temps qu'une association ne se propose d'autre fin que la défense et le maintien des libertés nationales, elle ne saurait être légitimement proscrite.

M. de *Broglie* a osé dire que la *presse* et *l'enseignement* sont les *seuls droits* garantis par la charte. Or, je soutiens qu'elle garantit d'une manière tout aussi formelle le droit d'association. En effet, si les termes de l'art. 66 précité ont un sens, il me semble que l'on peut et que l'on doit les traduire ainsi :

« S'il arrive jamais que l'on ose attenter à la présente charte et aux droits qu'elle consacre, le patriotisme et le courage sauront inspirer aux gardes nationales et à tous les citoyens français de se rapprocher, de s'entendre et de s'unir pour les défendre. »

Donc, la loi qui interdit aux citoyens de se réunir et de s'entendre sans avoir obtenu l'autorisation de ceux-là mêmes dont ils peuvent avoir à craindre les attaques ou les sourdes menées, n'est pas autre chose qu'un éclatante violation de la charte. Ce n'est pas seulement une mauvaise loi; c'est une loi radicalement nulle et non obligatoire, puisqu'elle est visiblement une haute violation de la loi éternelle de justice. Elle est telle puisqu'elle a pour objet de dépouiller les citoyens d'un droit inaliénable.

Enfin, je ferai remarquer encore ici que cette loi doit être comptée au nombre des conséquences immédiates du premier article de la déclaration de 1682. Il est constant que cet article consacre *dogmatiquement l'esclavage des peuples ;* donc il leur dénie, par cela même, le droit de se rapprocher, de s'entendre et de s'unir pour se défendre de l'oppression.

Il est démontré, du moins si je ne me trompe pas, que la loi contre les associations ne mérite point le nom de loi, par la raison qu'elle n'en a aucunement les conditions ni le caractère : elle n'est donc qu'une tyrannie; et, partant de là, je me permettrai de demander à M. Persil s'il se peut qu'aucun magistrat, à quelqu'ordre qu'il appartienne, puisse, dans aucun cas, se prêter sans infamie à son exécution? Je suppose, avec l'auteur des *Soirées de Saint-Pétersbourg*, que « l'honneur consiste dans le *fanatisme* de la vertu, » dans le zèle ardent et éclairé de tout ce qui est droit et juste.

CONSÉQUENCES NATURELLES
De la loi contre les associations.

Un journal expose ainsi qu'il suit les conséquences naturelles de la loi contre les associations *.

* *Constitutionnel de Loire-et-Cher.*

« Chaque préfet aura ses espions ; la plus petite de nos villes n'en sera pas exempte. Une réunion d'amis, de parens, une soirée, un bal, tout pourra devenir suspect. L'indépendance d'un citoyen déplaira-t-elle au pouvoir? on pourra l'accuser de faire partie d'une association, l'arrêter, l'emprisonner pendant trois ou quatre mois: quand viendra le jour du jugement, il sera acquitté ; mais il n'en aura pas moins passé trois ou quatre mois en prison. Le préfet veut-il se venger d'un adversaire indiscret, connaître ses relations intimes? rien de plus facile : il le fera soupçonner d'être affilié à une association, il ordonnera une visite domiciliaire, et tous ses papiers seront livrés à l'œil d'une police inquisitoriale. Les secrets de famille, les épanchemens de l'amitié, tout sera à la discrétion d'un commissaire ou d'un agent de police. Un document important, une lettre non signée auront-ils paru dans un journal, et l'autorité est-elle intéressée à connaître la source où ce document aura été puisé, l'auteur de cette lettre ? la loi contre les associations sera le prétexte d'une descente de la police dans les bureaux du journal ; on visitera tous les cartons, toutes les archives de la rédaction, on lui arrachera ses secrets. Voudra-t-on détruire un journal? en vertu de la loi contre les associations, on poursuivra ses actionnaires, on poursuivra ses écrivains réunis en comité de rédaction, pour délibérer sur le système à suivre, sur la direction politique à donner à un journal. La délation, l'espionnage, les vexations de tous genres ; voilà ce qui attend la France, et le pays de la liberté verra tous ses points envahis par une immorale inquisition politique. »

DES DÉPUTÉS

Qui ont voté la loi contre les associations.

Une feuille de province fait, au sujet des députés qui ont voté la loi contre les associations, une remarque aussi judicieuse que piquante : « Plusieurs journaux, dit-elle,

ont donné la liste des députés qui ont repoussé cette loi. C'est un hommage à l'indépendance que nous approuvons; mais si, à côté de ces noms, on avait fait figurer les députés qui l'ont sanctionnée de leur vote, et porté en regard les traitemens et les faveurs dont chacun d'eux a été gratifié, soit dans sa propre personne, soit dans les siens, depuis 1830, on aurait un morceau de statistique morale, assez intéressant, et une règle sûre pour apprécier la moralité de la loi. » Il s'ensuit donc qu'il ne faudrait pas que les représentans du peuple pussent être appelés à remplir aucunes fonctions publiques rétribuées; « que la loi qui
» permet aux députés d'être fonctionnaires salariés, est
» vraiment pleine de corruption; que tant que nous l'au-
» rons, il ne faut rien espérer de quelque chambre que
» ce soit. La raison en est que la fidélité au pouvoir, et
» surtout au pouvoir qui paie bien, l'emportera toujours
» sur la fidélité à la liberté. On ne peut servir ces deux
» maîtres à la fois *. »

PROTESTATIONS CONTRE LA LOI-BARTHE.

Différentes protestations contre la loi-Barthe ont été publiées dans les journaux : je vais rapporter celles qui me sont connues, après quoi j'essaierai de faire remarquer qu'elles sympathisent parfaitement avec le principe catholique, et qu'ainsi elles sont un anathème lancé contre la *religion de Bossuet*, c'est-à-dire contre les *principes de* 1682.

« L'association du Jura, réunie en assemblée générale à Arbois, le 9 mars 1834, au nombre de plus de 700, sous la présidence de M. Depercy, en présence de la députation de Besançon et de celle de Dijon,

» Considérant que prohiber le libre exercice du droit d'association, c'est saper dans le principe de leur existence toutes les sociétés humaines;

* *National.*

» Que ce droit est le droit naturel, et que ce serait un acte de folie, sinon un crime, que de vouloir réprimer l'instinct de sociabilité que la nature a placé dans le cœur de l'homme ;

» Considérant qu'il n'appartient à nul individu, à nul corps politique, à nul pouvoir, quel qu'il soit, d'empêcher les citoyens de former en dehors de la grande société dont ils sont membres, des sociétés particulières qui ne se proposent pas d'autre objet que de suivre l'administration des intérêts généraux, par conséquent de contrôler les actes du souverain et ceux du gouvernement ; de signaler ceux qui sont désastreux pour le bien public et entravent le développement de la prospérité nationale ; enfin, d'indiquer, en même temps que la cause du mal, les moyens d'y remédier ;

» Qu'un gouvernement sage et paternel, loin de s'opposer à la formation de semblables sociétés, ne chercherait qu'à les encourager et à stimuler encore leurs philantropiques efforts ;

» Que le despotisme seul est intéressé à les proscrire, afin d'isoler les plaintes et d'en comprimer plus facilement l'expression ;

» Considérant que l'article 291 du code pénal, dont le gouvernement actuel veut encore étendre les monstrueuses restrictions, consacre la violation flagrante d'un droit imprescriptible et nécessairement reconnu dès lors que la nation est instituée ;

» Que, bien plus, il est en opposition formelle avec le texte même de la charte de 1830, et que les députés qui l'ont faite étaient convenus, en la discutant, qu'elle renfermait implicitement l'abrogation de cet article, détruit d'ailleurs de fait par la révolution de juillet ;

» Que le jury lui-même a sanctionné tous ces principes par une déclaration célèbre, lors du procès intenté à la *Société des Amis du Peuple* ;

» Qu'en conséquence, toute loi qui prétendrait réta-

blir ou aggraver les dispositions restrictives du droit d'association, contenues dans l'article 291 du code pénal,
serait attentatoire au droit naturel, à la raison, à une saine
politique, et même à la charte de 1830 ; qu'il est donc
du devoir de tous les bons citoyens de protester contre
une telle loi, et de la rendre vaine et de nul effet,

» Arrête à l'unanimité : L'association républicaine du
Jura déclare protester contre toute loi qui interdirait le
libre exercice du droit d'association. »

On peut joindre à cette protestation l'adresse votée
par la réunion des délégués des associations de Paris et des
commissaires représentant le comité général de la presse
départementale :

« Provoquée, dit l'association républicaine du départe-
ment des Deux-Sèvres, par la volonté immuable de nos
ennemis, la chambre des députés vient d'adopter une loi
contre laquelle il est du devoir de tout citoyen de protester hautement.

» Cette loi non-seulement est violatrice d'un de nos
droits les plus sacrés, mais encore elle implante dans nos
mœurs des germes de corruption et d'espionnage, puisqu'elle introduit dans le sanctuaire des familles l'action
sale et ignoble de la police.

» A une semblable loi, l'obéissance n'est pas due, et
nous déclarons à la face du pouvoir que notre association,
formée depuis long-temps, continuera à exister, et
qu'elle ne cédera qu'à la violence brutale de la force
armée.

» Dès cet instant, nous nous rendons solidaires de
toutes les persécutions que l'on pourrait diriger contre
nos frères de Paris et des départemens, et nous sommes
prêts à nous associer à tous leurs efforts pour nous soustraire au joug infâme que l'on voudrait faire peser sur
nous.

» En présence de ce dévergondage contre-révolution-

naire, nous ne pouvons que rappeler les paroles de La-
fayette dans le sein de la constituante. *Lorsque le peuple
est opprimé, l'insurrection est non-seulement un droit,
mais encore le plus saint des devoirs.* Nous espérons que
la France de 1834 ne se montrera pas indigne de la
France de 1789, et qu'elle saura, à quelque prix que
ce soit, faire respecter ses droits ; car la justice, la
raison, sa propre dignité, lui en font une impérieuse
nécessité. »

Que ces protestations, considérées quant à leurs dispositions et quant à leurs motifs, sympathisent parfaitement avec le principe catholique-romain ; c'est ce qu'il
est facile de reconnaître, pour peu que l'on soit initié
à la connaissance de l'enseignement ecclésiastique.

Je sais bien qu'il est écrit : *Donnez votre manteau à
qui veut vous enlever votre tunique*[*] ; mais il ne l'est pas
que le *chrétien* doive sacrifier, sans le défendre, ce
qui n'est pas à lui ; tels que les *droits* et le *repos* d'un
peuple, la *majesté des autels* où il adore, *l'indépendance
du sacerdoce*, la *foi*, la *justice*, tout *bien*, tout *honneur* et le *salut*. Il ne l'est pas qu'il doive cesser d'être
homme et *soldat* pour devenir une *victime passive* des
méchans, une *bête de sacrifice* toujours *liée* et *parée*.
Il doit se souvenir que le fils de Dieu fait homme est
mort une fois sur la croix pour racheter les hommes
de l'esclavage *même politique*, et pour les réunir sous des
lois meilleures, qu'ils sont obligés de défendre, s'ils ne
veulent trahir le testament où elles sont écrites ; qu'ainsi,
il n'est descendu du ciel que pour fonder sur la terre
une *grande association* destinée à y ressusciter l'empire
de la *liberté* par le règne de la *vérité* et de la *justice*,
c'est-à-dire par le triomphe *droits de Dieu* sur
l'homme, des *droits de l'homme* sur lui-même, et des

* Saint Math., V. 40.

droits de la société sur l'homme individuel. C'est ainsi que le génie chrétien doit *inspirer* et *diriger* les combats de la *république*. *Celui qui n'est pas avec moi est contre moi, et celui qui est contre moi ne tend qu'à détruire* [*]. Le joug du Seigneur et maître Jésus est *doux*, et le *fardeau* qu'il impose est *léger* ; il ne nous commande que ce qui se trouve déjà dans notre cœur, et, tout en nous le commandant, il s'offre de nous aider à le pratiquer.

SENTENCES
Offertes au souvenir et à la méditation des gouvernans.

Je terminerai par exposer quelques *sentences* dont la méditation et le souvenir peuvent être utiles, et à M. le ministre Persil, et à tous ceux qui viendront après lui.

1. On est toujours fort contre l'arbitaire, lors même qu'on n'a pour soi ni le *roi*, ni les *ministres*, ni les *chambres*, ni les *magistrats*, ni l'*armée*, ni le *peuple*, parce qu'en pareil cas on peut toujours s'appuyer de Dieu ; puis de la *force naturelle* d'une bonne cause ; puis de la *parole* qui tôt ou tard *tue les oppresseurs* ; puis du *devoir* de se défendre de peur que la société ne devienne la proie de quelques *hommes hardis* ; et puis enfin, de la *foi* qui fait que rien n'est impossible.

2. Dans aucune situation, la défense du bon droit n'est sans appui. Elle n'est jamais perdue lorsqu'elle est honorable. Peut-être ne profitera-t-elle pas à celui qui l'aura faite, mais elle se retrouvera comme un bouclier sur la tête de quelqu'opprimé inconnu. Peut-être la génération des *Macchabées* ne verra pas le salut du peuple, mais elle n'en sera pas moins la race par qui le salut aura été fait en Israël. Non, rien n'est vain dans l'ordre moral, et surtout les efforts tentés pour la justice.

[*] Evangile.

3. On ne contient pas par la force une nation sur un vaste territoire, comme des brigands dans un cachot : et l'on ne fonde point un empire sur la pointe d'une épée. Il faut, *même au despotisme*, une autre base, et cette base ne peut être que le devoir de se soumettre, imposé aux passions par la conscience. Hors de là il ne reste que la violence, mais la violence n'est au fond qu'une autre sorte de faiblesse, la plus dangereuse de toutes, parce qu'en irritant le peuple, elle lui montre qu'on le craint, et l'excite à vaincre sa propre inertie pour se délivrer du joug qu'on aggrave sur sa tête.

4. Presque toujours on compte trop sur la patience ou sur la stupidité du peuple. Quelquefois, en effet, il souffre long-temps, mais c'est un ressort comprimé dont le départ est terrible. Il ne faut souvent qu'un seul homme pour remuer cette pesante masse : il ne faut qu'un léger souffle pour soulever les flots dévastateurs de cette mer immense et indomptée !! Craignez, ministres de Louis-Philippe, craignez de finir par mettre en jeu les violentes passions de la multitude. Les annales du monde vous apprennent qu'à l'exception de juillet 1830, elle fut toujours un instrument aveugle de désastres dans le cours de ses mouvemens insurrectionnels.

Je dis, *à l'exception de juillet 1830* : à quelqu'opinion qu'on appartienne, on ne saurait « qu'admirer la modération qui a fait de ce mouvement une sorte de combat régulier, et l'espèce de sentiment élevé et généreux, qui, dominant une multitude ardente d'indignation et momentanément affranchie de tout pouvoir qui pût la contenir, a maintenu un ordre merveilleux dans une armée sans chef, dans une population palpitante des émotions les plus fortes, et prévenu les horreurs qui accompagnent d'ordinaire ces commotions terribles : exemple, je ne dis point rare, mais unique dans l'histoire, et que sans doute il est beau, il est glorieux aux Français d'avoir donné. »

MA DERNIÈRE CORRESPONDANCE
Avec M. Lamotte, vicaire-général.

Ferrières, 25 août 1834.

Monsieur le vicaire-général,

Comme je me suis prononcé de tout temps en faveur des doctrines *la Mennaisiennes*, sauf, néanmoins, quelques points particuliers qui sont l'objet de la censure des évêques de France, et notamment le *système philosophique*, qui m'a toujours paru *très-fallacieux*, surtout quant à la définition du *sens commun* ou de l'*autorité* *, je m'empresse de vous assurer, par les présentes, de ma soumission religieuse aux deux encycliques de N. S. P. le pape *Grégoire XVI*, et, en général, à tous les décrets émanés du *Saint-Siége*.

Dans votre lettre du 8 août 1834 au clergé de ce diocèse, jointe à l'*Encyclique*, condamnant les *Paroles d'un Croyant*, vous dites, Monsieur, en parlant de la *chair suprême*, qu'elle a *reçu d'en haut les promesses de l'indéfectibilité*. Permettez-moi de vous témoigner que cette manière de vous exprimer touchant la *suprématie du pontife romain* ne me paraît pas exprimer bien exactement l'idée qu'en donne l'enseignement *constant* et *perpétuel* de l'église catholique.

Ce qui précède dans cette même lettre me paraît aussi plus que contradictoire avec l'enseignement qui s'est donné cette année au *séminaire de Nancy* sur la même matière. C'est avec peine, Monsieur, que j'ai entendu parler des décisions d'un professeur de théologie sur l'étendue des *droits du pape* et les conditions de son *infaillibilité*. « Il » est bien déplorable de voir dans quel excès de délire » se précipite la raison humaine, lorsqu'un homme se

---

* *Essai sur l'indifférence en matière religieuse*, tome 2, 4ᵉ édition, pages 132 et 133.

» laisse prendre à l'amour de la nouveauté, et que,
» malgré l'avertissement de l'apôtre, s'efforçant d'être plus
» sage qu'il ne faut, trop confiant aussi en lui-même, il
» pense qu'on doit chercher la vérité hors de l'*Eglise ca-*
» *tholique*, où elle se trouve sans le plus léger mélange
» d'erreur, et qui, pour cela même, est appelée, et est
» en effet la *colonne* et le *fondement de la vérité* *.

Or, selon que je l'ai ouï dire et que j'ai pu l'apprendre par moi-même, il est certain que le *professeur* précité a exposé aux élèves du sanctuaire une doctrine *autre* que celle de l'église catholique; doctrine contraire aux définitions de plusieurs conciles généraux, condamnée par les décrêts de plusieurs papes, et en particulier par ceux de Grégoire XVI, du 15 août 1832 et du 17 septembre 1833 **.

Si « lorque le *docteur des docteurs* a parlé, toute dis-
» cussion devient superflue; si sa parole *claire* et *puis-*
» *sante* ne laisse place à *aucune hésitation* ni à *aucun*
» *subterfuge;* si *toute voix dissidente* doit se *taire* et
» s'humilier en présence d'une autorité si *imposante* pour
» le prêtre et pour le vrai fidèle; si c'est de *Rome* que
» nous vient la *lumière;* si la *cause* est *jugée* parce que
» cette *mère* et *maîtresse* de toutes les Eglises a prononcé;
» si sa décision est si *authentique* et si *péremptoire* *** »,
comment concilier avec ces principes les maximes *subver-*
sives de l'autorité pontificale qui ont été débitées cette année et en d'autres temps du *haut de la chair de théo-logie*, à l'*escient* et du *consentement* de l'autorité épis-copale? du moins on ne saurait guère en douter. J'ai confiance, Monsieur, que vous trouverez bon et respectueux que je vous adresse cette question. Vous savez

---

* Encyclique de Grégoire XVI, du VII des calendes de juillet 1834.
** Voir l'*Univers religieux* du 13 juin 1834.
*** Lettre de M. Lamotte au clergé du diocèse de Nancy, du 8 août 1834.

s'il importe de connaître aujourd'hui, plus qu'en d'autres temps, ce qu'il faut *croire*, *enseigner* et *pratiquer* sur ce point.

Je pourrais dire encore un mot sur *l'enseignement de la philosophie*, notamment sur *l'examen de la doctrine mennaisienne* par M. *Boyer*, offerte aux élèves de philosophie, à mon avis bien plus *fallacieuse* et beaucoup plus *dangereuse* que celle du *sens commun*. Je m'étonne qu'au séminaire on ait pu apprécier la portée de celle-ci et sagement l'interdire, sans qu'on se soit aperçu des dangers non moins grands de l'autre. Veuillez croire, Monsieur, que c'est uniquement par zèle et par amour de la vérité, que je me permets de vous adresser ces présentes observations......... et agréez l'assurance de mon profond respect.

J.-G. VERDUN, curé de Ferrières.

ÉVÊCHÉ DE NANCY-TOUL.

A Monsieur Verdun, curé de Ferrières.

Nancy, le 28 août 1834.

Monsieur le curé,

J'apprends avec un vrai plaisir que vous adhérez d'esprit et de cœur aux décisions du St.-Siége touchant les doctrines de M. de la Mennais. Je vous remercie des observations qui vous ont été suggérées par votre amour pour la vérité. *J'y attache l'importance qu'elles doivent avoir.* Car moi aussi j'aime la vérité.

Agréez, etc. LAMOTTE, *vicaire-général.*

Cependant M. Lamotte n'est point intervenu, du moins que je sache, pour désavouer l'enseignement *anti-catholique* du séminaire de Nancy, sur la *prééminence* du souverain pontife dans l'ordre *religieux* et *politique*.

En vaquant à la présente publication, mon but principal a été de défendre le principe catholique-romain, unique *fondement* et *règle suprême* du *droit commun*.

Sauf le *respect* que l'on doit à l'*âge*, au *mérite* et aux belles *qualités*; sauf encore les *ménagemens* que l'on doit aux *opinions* et aux *erreurs*, je me permettrai de signaler l'enseignement des séminaires du MANS et de ST.-SULPICE comme entaché du même vice que celui du séminaire de Nancy, du moins à en juger par la *théologie* de Monseigneur *Bouvier*, actuellement évêque du *Mans*, et par les *œuvres* de M. *Boyer*, directeur au séminaire de St.-*Sulpice*. J'aurai lieu de l'établir dans l'*Essai sur la déclaration de* 1682, et dans *Le Christianisme catholique romain est la plus haute expression de la république*.

J'ajouterai par *zèle* et par *amour* de la *vérité* qu'il faut tenir pour *anti-catholique* et frappé de la *condamnation pontificale*, le système de philosophie *prétendu catholique*, exposé dans la *démonstration du catholicisme* [*], par M. l'abbé L.-H. *Caron*, chanoine honoraire d'*Amiens*. L'interprète souverain de la doctrine évangélique dit formellement que « c'est l'avertissement de l'apôtre qu'on » ne doit point chercher la vérité hors de l'Eglise catho- » lique où elle se trouve sans le plus léger mélange » d'erreur, et qui, pour cela même, est appelée et est » en effet la *colonne* et le *fondement de la vérité* [**]. »

M. l'abbé *Caron* dit, page 466, que la doctrine catholique sur la *foi* se rapporte à trois points principaux : 1° un *témoignage infaillible* qui en est le *principe;* 2° un *esprit faillible* qui en est le *sujet;* 3° une *adhésion* de cet esprit faillible à ce témoignage infaillible, laquelle constitue l'acte de *foi divine*. Cet exposé est manifestement inexact. C'est le témoignage divin qui est la source de la foi. Là-dessus personne ne conteste. Mais Dieu ne parle pas immédiatement à chaque homme. Donc la doctrine sur la foi catholique suppose une autorité *visible* et *infaillible*, qui transmette à l'homme la vé-

---

[*] Tome premier.

[**] Encyclique de Grégoire XVI, du VII des calendes de juillet 1834.

rité du témoignage divin. Donc elle se rapporte, non pas à trois, mais à quatre points.

Au même endroit, M. l'abbé *Caron* rapporte de même sa doctrine sur la *certitude* à trois points principaux : 1° un *témoignage infaillible* qui en est le *principe*. Ce témoignage infaillible, selon lui, réside dans la *raison commune*. Mais la raison commune ne parle pas non plus immédiatement à chaque homme, et M. *Caron* a commis le tort de nous laisser ignorer *quelle est l'autorité visible et infaillible* qui transmet à chaque homme la vérité du témoignage infaillible de la *raison commune*.

Je ne saurais m'empêcher de signaler, en finissant, une erreur non moins grave où est tombé M. l'abbé H. *Lacordaire*, quand il a dit, dans la première de ses dernières *conférences* à la Métropole de Paris : « *Dieu a laissé pendant quatre mille ans dans l'humanité le christianisme sans église enseignante, catholique et infaillible.* » La foi réprouve une proposition de cette nature ; d'où vient que *Bossuet* dit : « Qu'il n'y eut ja-
» mais aucun temps où il n'y ait eu sur la terre une
» autorité visible et parlante à laquelle il faille céder *? »
Il est *de foi* qu'il n'y eut jamais aucun temps où la foi au christianisme plus ou moins développé n'ait été nécessaire. Or, l'homme ne reçoit la *foi* que par *l'ouïe*. *Fides ex auditu*. Donc il est contraire à la *foi* de dire que : « Dieu a laissé pendant quatre mille ans dans l'humanité le christianisme sans église enseignante, catholique et infaillible. » Quelle eut été la raison de céder à cette autorité dont parle Bossuet, si elle n'eût pas été infaillible ? Quelles nations eussent été exceptées de la foi au christianisme, si elle n'eût pas été catholique, c'est-à-dire pour tout l'univers ?

* Conférence avec le ministre *Claude*, page 291, édit. de Lebel.

FIN.

www.ingramcontent.com/pod-product-compliance
Lightning Source LLC
Chambersburg PA
CBHW071323030726
47594CB00002B/516